Estudos Bíblicos para Crianças
1 & 2 SAMUEL

Primeiro Crianças

LENEXA, KANSAS (USA)

© 2010 Nazarene Publishing House

ISBN 978-1-56344-557-6

Editora para a versão em inglês: Kimberly D. Adams
Editora Chefe para a Competição de Crianças: Jenni Monteblanco
Editor Executivo para as versões em outros idiomas: Scott Stargel
Comitê Editorial: Dan Harris, Anya Motley, Nate Owens, Beula Postlewait
Tradutora: Ágatha Cristian Heap

Originalmente publicada em inglês com o título:
Children's Bible Studies in 1 and 2 Samuel
Copyright © 2009
Published by Beacon Hill Press of Kansas City
A Division of Nazarene Publishing House

This edition published by arrangement
with Nazarene Publishing House
Kansas City, Missouri USA

Publicações Crianças Primeiro
17001 Prairie Star Parkway
Lenexa, KS 66220 (USA)
Em cooperação com o Ministério de Crianças Internacional e
Publicações Nazarenas Internacionais.

Índice

Boas Vindas 5

Desafio Bíblico para Crianças 9

Regras e Procedimentos Oficiais de Desafio Bíblico para Crianças 10

Estudo 1 19

Estudo 2 25

Estudo 3 31

Estudo 4 37

Estudo 5 43

Estudo 6 48

Estudo 7 54

Estudo 8 60

Estudo 9 66

Estudo 10 72

Estudo 11 77

Estudo 12 83

Estudo 13 89

Estudo 14 95

Estudo 15 101

Estudo 16 107

Estudo 17 113

Estudo 18 119

Estudo 19 125

Estudo 20 131

Versículos para Memorização e Atividades 137

Lista de Presença 141

Modelo de Registro de Pontos 142

Boas Vindas!

Bem-vindo aos *Estudos Bíblicos para Crianças: 1 & 2 Samuel!* Nessa coleção de estudos bíblicos, as crianças aprenderão sobre a santidade de Deus e de Sua fidelidade ao Seu povo, mesmo quando eles fizeram más escolhas.

Estudos Bíblicos para Crianças: 1 & 2 Samuel é um de seis livros da série Estudos Bíblicos para Crianças. Esses estudos ajudam as crianças a entenderem a cronologia bíblica e o significado de eventos bíblicos. Ao aprenderem sobre a vida das pessoas nesses estudos, as crianças descobrem o amor de Deus por todas as pessoas e o lugar que elas têm em Seus planos. Deus sempre usa milagres para alcançar os seus propósitos. Entretanto, Ele prefere trabalhar com as pessoas para realizar o que Ele quer fazer.

A filosofia da série *Estudos Bíblicos para Crianças* é ajudar as crianças a entenderem o que a Bíblia diz, a aprenderem sobre como Deus ajudou as pessoas e a conhecerem a Deus através de um relacionamento com Ele. Ela inclui estudo bíblico, memorização bíblica e aplicação de ensinamentos bíblicos em situações da vida real.

Estudos Bíblicos para Crianças usa a Nova Versão Internacional da Bíblia.

LIVROS

A seguir há uma curta descrição dos livros dessa série e da maneira como eles interagem uns com os outros.

Gênesis oferece a fundação. Esse livro conta como Deus criou o mundo do nada, formou o homem e a mulher, e criou um lindo jardim para ser seu lar. Essas pessoas pecaram e Deus as puniu por isso. Gênesis apresenta o plano de Deus para reconciliar o relacionamento quebrado entre Deus e as pessoas. Ele apresenta Adão, Eva, Noé, Abraão, Isaque e Jacó. Deus fez uma aliança com Abraão (em Gênesis 15) e renovou essa aliança com Isaque e Jacó. Gênesis termina com a história de José e ele salva a civilização da fome e o povo de Deus se muda para o Egito.

Êxodo conta sobre como Deus continuou a manter a Sua promessa para Abraão feita em Gênesis 15. Deus resgatou os israelitas da escravidão no Egito. O Senhor escolheu Moisés para guiar os israelitas. O Senhor estabeleceu Seu reino sobre os israelitas. Ele liderou e governou os israelitas através do estabelecimento do sacerdócio e do Tabernáculo, dos Dez Mandamentos e outras leis, e dos profetas e juízes. No final de Êxodo, somente uma parte da aliança do Senhor com Abraão está completa.

Josué/Juízes/Rute falam como Deus completou Sua aliança começada em Gênesis 15. Finalmente os israelitas conquistaram e se estabeleceram na terra que Deus prometeu a Abraão. Os profetas, os sacerdotes, a Lei e os rituais de adoração declararam que Deus era o Senhor e Rei dos Israelitas. As 12 tribos de Israel se estabeleceram na terra prometida. Esse estudo enfatiza os juízes: Débora, Gideão e Sansão.

Em **1 e 2 Samuel**, os israelitas queriam um rei, porque outras nações tinham um rei. Esses livros falam de Samuel, Saul e Davi. Jerusalém tornou-se o centro de toda a nação de Israel. Esse estudo mostra como as pessoas reagem de forma diferente quando são confrontadas por seus pecados. Enquanto Saul culpava os outros, ou usava uma desculpa, Davi admitia seu pecado e ele pedia perdão a Deus.

Mateus é o ponto principal de toda a série. Ele foca o nascimento, vida e ministério de Jesus. Todos os livros anteriores da série apontaram para Jesus como o Filho de Deus e o Messias. Jesus inaugurou um novo tempo e as crianças aprendem sobre isso em vários eventos: Seus ensinos, Sua morte, Sua ressurreição e na mentoria de Seus discípulos. Agora, Deus fornecia uma maneira para as pessoas terem um relacionamento com Ele através de Jesus.

No início de **Atos**, Jesus ascendeu aos céus e Deus enviou o Espírito Santo para ajudar a igreja. As boas novas de salvação através de Jesus Cristo se espalharam para muitas partes do mundo. Os crentes pregaram o evangelho para os gentios e o trabalho missionário foi iniciado. A mensagem do amor de Deus transformou tanto os judeus quanto os gentios. Há uma ligação direta entre os esforços evangelísticos do apóstolo Paulo e Pedro com as vidas das pessoas hoje.

CICLO

O ciclo de estudo a seguir é sugerido especificamente para aqueles que participarão da competição opcional, o desafio bíblico dos Estudos Bíblicos para Crianças.

1 & 2 Samuel (2010-11)

Mateus (2011-12)

* Atos (2012-13)

Gênesis (2013-14)

Êxodo (2014-15)

Josué/Juízes/Rute (2015-16)

* 1 & 2 Samuel (2016-17)

* Indica o ano do Desafio Mundial.

PROGRAMAÇÃO

Estudos Bíblicos para Crianças possui vinte estudos. Programe de 60 a 120 minutos para o tempo de aula. Sugerimos a seguinte programação para cada estudo.

+ 15 minutos para Atividade
+ 30 minutos para Lição Bíblica
+ 15 minutos para Versículo para Memorização
+ 30 minutos para Atividades Adicionais(opcional)
+ 30 minutos para Perguntas para Competição (opcional)

PREPARAÇÃO

É importante fazer uma preparação aprofundada de cada estudo. As crianças prestam mais atenção e entendem melhor o estudo se o professor prepara e apresenta bem o conteúdo. O texto em negrito em cada estudo indica sugestões de palavras que o professor pode usar e adaptar para falar com as crianças. Os seguintes passos são diretrizes para o professor se preparar para cada estudo.

1° Passo: Visão Geral. Leia o Versículo para Memorização, a Verdade Bíblica, Foco e Dica de ensino.

2° Passo: Passagem Bíblica e Comentário Bíblico. Leia os versículos da passagem de estudo bíblico e a informação no Comentário Bíblico, incluindo quaisquer Palavras de Nossa Fé, Pessoas, Lugares ou Coisas.

3° Passo: Atividade. Essa seção inclui um jogo ou brincadeira para preparar as crianças para a lição bíblica. Familiarize-se com a atividade, as instruções e os materiais. Traga os materiais necessários para a aula com você e prepare a atividade antes das crianças chegarem.

4º Passo: Lição Bíblica. Revise a lição e aprenda-a para que você possa contá-la como uma história. As crianças preferem que o professor conte uma história ao invés de lê-la de um livro. Use as Palavras de Nossa Fé, Pessoas, Lugares e Coisas de cada lição para fornecer informação adicional enquanto você conta a história. Depois da história, use as questões sugeridas. Elas ajudarão as crianças a entenderem a história e a aplicá-la em suas vidas.

5º Passo: Versículo para Memorização. Aprenda o versículo para memorização para que você possa ensiná-lo para as crianças. Uma lista de versículos para memorização e sugestões de atividades para os versículos de memorização estão nas páginas 139. Escolha uma dessas atividades para ajudar as crianças a aprenderem o versículo para memorização. Familiarize-se com a atividade que você escolher. Leia as instruções e prepare os materiais. Traga todos os materiais necessários para a aula com você.

6º Passo: Atividades Adicionais. As atividades adicionais são uma parte opcional do estudo. Essas atividades vão incrementar o estudo bíblico das crianças. Muitas dessas atividades precisam de mais materiais, recursos e tempo. Familiarize-se com as atividades que você escolher. Leia as instruções e prepare os itens utilizados. Traga todos os materiais necessários para a aula com você.

7º Passo: Prática para Competição. O Desafio Bíblico é a parte de competição dos Estudos Bíblicos para Crianças. Ele é opcional ao estudo. Se você decidir participar do Desafio, dedique um tempo para a preparação das crianças. Há perguntas para praticar em cada um dos estudos. As primeiras dez perguntas são para um nível básico de competição. Há também três respostas possíveis para cada pergunta e essas perguntas são mais simples. As próximas dez perguntas são para um nível avançado de competição. Há quatro respostas possíveis para cada pergunta e essas perguntas são mais detalhadas. As crianças, juntamente com a direção do professor, escolhem o nível de competição desejado. Baseado no número de crianças e recursos disponíveis, você pode escolher oferecer somente o nível básico ou somente o nível avançado. Antes de fazer as perguntas para praticar, leia a passagem bíblica para as crianças.

Desafio Bíblico para Crianças

O Desafio Bíblico para Crianças é uma parte opcional dos *Estudos Bíblicos para Crianças*. Cada igreja e cada criança decide se quer participar na série de eventos competitivos.

Os eventos de Desafio Bíblico seguem as regras apresentadas nesse livro. As crianças não competem umas contra as outras para determinar um único ganhador, nem as igrejas competem umas contra as outras para determinar um vencedor.

O propósito do Desafio é ajudar as crianças a identificarem o que elas aprenderam sobre a Bíblia, desfrutarem de eventos competitivos e crescerem na habilidade de demonstrar atitudes e comportamentos cristãos durante os eventos competitivos.

Nessa competição, cada criança desafia a si mesma a atingir um nível de premiação. Com essa abordagem, as crianças competem contra a sua própria base de conhecimento e não umas contra as outras. O Desafio usa uma abordagem de múltipla escolha que permite que toda criança responda todas as perguntas. Perguntas de múltipla-escolha oferecem diversas respostas e a criança escolhe a correta. Essa abordagem possibilita toda criança a ser um vencedor ou vencedora.

MATERIAIS DO DESAFIO

Cada criança precisa de números para responder as perguntas do Desafio. Os números do Desafio são quatro quadrados de papelão, e cada um deles possui uma divisória no topo com os números 1, 2, 3 e 4, respectivamente. Os números se encaixam dentro de uma caixa de papelão.

As caixas e números de papelão para Desafios, como a foto abaixo mostra, podem ser encomendadas na Casa Nazarena de Publicações em Kansas City, Missouri, Estados Unidos da América.

Se essas caixas e números para o Desafio não estiverem disponíveis em sua área, você pode fazer seus próprios números usando papel, pratos

descartáveis, madeira ou qualquer outra coisa que você tiver disponível. Cada criança precisa de um kit de números para o Desafio.

Cada grupo de crianças precisará de uma pessoa para registrar suas respostas. Há folha de registro de pontos na página 142 que pode ser reproduzida para competição. Use essa folha de registro para marcar as respostas de cada criança.

Se possível, forneça algum tipo de prêmio pela performance das crianças em cada evento de Desafio. Premiações sugeridas: certificados, adesivos, fitas, troféus, ou medalhas.

Regras e Procedimentos Oficiais de Desafio Bíblico para Crianças

Por favor, siga as regras. As competições que não funcionarem de acordo com as *Regras e Procedimentos Oficiais de Desafio Bíblico para Crianças* não qualificarão para outros níveis de competição.

IDADES E SÉRIES

Crianças do 1º ao 6º ano* podem participar das competições de Desafio Bíblico para Crianças. A partir do sétimo ano, independente da idade, elas devem participar do Desafio Bíblico para Adolescentes.

COMPETIÇÃO DE NÍVEL BÁSICO

Esse nível de competição é para competidores mais jovens ou iniciantes. Competidores mais velhos que preferirem participar em um nível mais fácil de competição, também podem participar no Nível Básico. As perguntas para o Nível Básico são mais simples. Há três opções de respostas para cada pergunta e quinze perguntas em cada rodada. O diretor distrital ou regional de Desafio Bíblico para Crianças determina as perguntas e o número de rodadas em cada competição da Gincana. A maioria das competições tem duas ou três rodadas.

COMPETIÇÃO DE NÍVEL AVANÇADO

Esse nível de competição é para competidores mais velhos ou mais experientes. Competidores mais jovens que quiserem um desafio maior podem participar do Nível Avançado. As perguntas para o Nível Avançado são mais detalhadas. Há quatro possíveis respostas para cada pergunta e vinte perguntas em cada rodada. O diretor distrital ou regional de Gincana Bíblica para crianças determina as perguntas e o número de rodadas em cada competição da Gincana.

TROCANDO DE NÍVEL

As crianças podem trocar de Nível Básico ou Avançado somente em competições por convite, que são entre duas ou mais igrejas. Isso ajuda os líderes e as crianças a determinarem o melhor nível de cada uma.

---

*Informação para outros países, sem ser os Estados Unidos: 1º ao 6º ano correspondem geralmente as idades de 6 a 12 anos.

Para competições de zona/área, distrito e região, o diretor local tem que registrar cada criança no Nível Básico ou no Nível Avançado. A criança deve competir no mesmo nível nas competições de zona/área, distrito e região.

TIPOS DE COMPETIÇÃO

Competição por Convite

Uma competição por convite acontece entre duas ou mais igrejas. Os diretores de Desafio Bíblico local e de zona/área, ou os diretores distritais de Desafio Bíblico podem organizar competições por convite. Os indivíduos que organizarem competições por convite têm a responsabilidade de preparar as perguntas para a competição.

Competição de Zona/Área

Cada distrito pode ter pequenos agrupamentos de igrejas que são chamadas zonas. Se uma zona tiver mais competidores que as demais zonas, o diretor distrital de Desafio Bíblico pode separar ou juntar zonas para criar áreas com uma distribuição mais equitativa de competidores. O termo "área" significa que as zonas foram agrupadas ou divididas.

As igrejas localizadas em cada zona/área competemm sua própria zona/área. O diretor distrital de Desafio Bíblico para Crianças organiza a competição.

As perguntas para as competições de zona/área são oficiais. Envie um e-mail para ChildQuiz@nazarene.org para solicitar as perguntas do Escritório Global de Desafio Bíblico para Crianças.

Competição Distrital

As crianças avançam da competição de zona/área para a competição distrital. O diretor distrital de Gincana Bíblica para Crianças determina as qualificações necessárias e organiza a competição.

As perguntas para as competições distritais são oficiais.

Envie um e-mail para *ChildQuiz@nazarene.org* para solicitar as perguntas do Escritório Global de Desafio Bíblico para Crianças.

Competição Regional

A competição regional é uma competição entre dois ou mais distritos.

Quando houver um diretor regional de Desafio Bíblico para Crianças, ele determinará as qualificações necessárias e organizará a competição. Se não houver um diretor regional, os diretores distritais que estiverem participando organizam a competição.

As perguntas para as competições de regionais são oficiais.

Envie um e-mail para *ChildQuiz@nazarene.org* para solicitar as perguntas do Escritório Global de Desafio Bíblico para Crianças.

Competição de Desafio Mundial

A cada quatro anos, um Desafio Mundial Internacional é patrocinado pelo Escritório de Ministério Infantil Internacional. O Ministério Infantil Internacional determina a data, local, custo, datas de qualificação e o processo geral de qualificação para todas as competições de Desafio Mundial.

DIRETOR DISTRITAL DE DESAFIO BÍBLICO PARA CRIANÇAS

O diretor distrital de Desafio Bíblico para Crianças opera em todas as competições de acordo com as Regras e Procedimentos Oficiais de Desafio Bíblico para Crianças. Ele tem autoridade para introduzir procedimentos adicionais para a Gincana no distrito sempre que esses procedimentos não entrarem em conflito com as Regras e Procedimentos Oficiais de Desafio Bíblico para Crianças. O diretor distrital de Desafio Bíblico para Crianças entra em contato com o Escritório Global de Desafio Bíblico para Crianças no Ministério Infantil Internacional, quando necessário, para pedir alguma mudança específica nas Regras e Procedimentos Oficiais de Desafio Bíblico para Crianças para o distrito. Ele ou ela é quem toma as decisões e resolve conflitos em relação a aplicação das Regras e Procedimentos Oficiais de Desafio Bíblico para Crianças. O diretor distrital de Desafio Bíblico para crianças entra em contato com o Escritório Global de Gincana Bíblica para Crianças para lidar com uma regra oficial em uma situação específica, se necessário.

DIRETOR REGIONAL DE DESAFIO BÍBLICO PARA CRIANÇAS

O diretor regional de Desafio Bíblico para Crianças cria uma equipe de liderança de Desafio Bíblico para Crianças que consiste em todos os diretores distritais de Desafio Bíblico para Crianças na região. O diretor regional de Desafio Bíblico para Crianças mantém contato com sua equipe para que os procedimentos sejam consistentes por toda a região. Ele ou ela opera e organiza as competições regionais de acordo com as Regras e Procedimentos Oficiais de Desafio Bíblico para Crianças. O diretor regional de Desafio Bíblico para Crianças entra em contato com o Escritório Global de Desafio Bíblico para Crianças para solicitar qualquer mudança nas Regras e Procedimentos Oficiais de Desafio Bíblico para Crianças para uma região específica. Ele ou ela resolve qualquer conflito que possa surgir durante a aplicação das Regras e Procedimentos Oficiais de Desafio Bíblico para Crianças. O diretor regional de Desafio Bíblico para Crianças entra em contato com o Es-

critório Global de Desafio Bíblico para Crianças para lidar com a aplicação de uma regra especial em uma situação específica, se necessário. Ele ou ela deve entrar em contato com o Escritório Global de Desafio Bíblico para Crianças para colocar a data do desafio regional no calendário geral da igreja.

Nos Estados Unidos e Canadá, o diretor de Desafio Bíblico para Crianças é uma posição em desenvolvimento. Atualmente essa pessoa não preside os diretores distritais de Desafio Bíblico para Crianças na região.

MODERADOR DE DESAFIO

O moderador de desafio é quem lê as perguntas durante a competição. O moderador do desafio lê a pergunta e as respostas de múltipla escolha duas vezes antes das crianças darem suas respostas à pergunta. Ele ou ela segue as Regras e Procedimentos Oficiais de Desafio Bíblico para Crianças estabelecidas pelo Escritório Global de Desafio Bíblico para Crianças e pelo diretor distrital ou coordenador regional de Desafio Bíblico para Crianças. No caso de um conflito, a autoridade final é o diretor distrital/regional de Desafio Bíblico para Crianças que consultará as Regras e Procedimentos Oficiais de Desafio Bíblico para Crianças. O moderador do desafio pode participar de discussões com o juiz de pontuação e também com o diretor distrital/regional de Desafio Bíblico para Crianças para definir alguma apelação ou objeção quanto as perguntas ou respostas. O moderador do desafio pode pedir um intervalo.

JUIZ DE PONTUAÇÃO

O juiz de pontuação é quem marca as respostas de um grupo de crianças. Ele ou ela pode participar das discussões com outros juízes de pontuação e com o diretor distrital/regional de Desafio Bíblico para Crianças quando houver alguma apelação ou objeção quanto as perguntas ou respostas. Todos os juízes de pontuação devem usar o mesmo método e símbolos para garantir uma tabulação correta de pontos.

PERGUNTAS OFICIAIS DE COMPETIÇÃO

O diretor distrital de Desafio Bíblico para Crianças é o único indivíduo no distrito a quem se permite ter uma cópia das perguntas oficiais de competição para zona/área e para o distrito.

O diretor regional de Desafio Bíblico para Crianças é o único indivíduo na região a quem se permite ter uma cópia das perguntas oficiais de competição da região. Se não houver um diretor regional de Desafio Bíblico para Crianças, um diretor distrital participante da Desafio Bíblico para Crianças poderá ter uma cópia das perguntas oficiais de competição regional.

Encomendas de formulários de perguntas oficiais anuais serão enviados via e-mail em dezembro de cada ano. Entre em contato com o Escritório Global de Desafio Bíblico para Crianças através do e-mail ChildQuiz@nazarene.org para atualizar seu endereço de e-mail. As pessoas que encomendarem, receberão as perguntas oficiais por e-mail até a metade do mês de janeiro.

MÉTODOS DE COMPETIÇÃO

Há dois métodos de competição.

Método Individual

No método individual de competição, as crianças competem individualmente. Cada ponto de uma criança é marcado separado de todas as demais pontuações. Crianças da mesma igreja podem sentar juntas, mas os pontos individuais não são somados para obter uma pontuação geral para a igreja ou equipe. Não há perguntas bônus para competidores individuais.

O método individual é o único método que pode ser usado para o Nível Básico de competição.

Método Combinado

O método combinado une o desafio individual e de equipe. Nesse método, as igrejas podem enviar competidores individuais, equipes ou uma combinação desses para a competição.

O diretor distrital de Desafio Bíblico para Crianças determina o número de crianças necessárias para formar uma equipe. Todas as equipes devem ter o mesmo número de competidores. O número recomendado de crianças para uma equipe é de quatro ou cinco.

Crianças de igrejas que não têm competidores suficientes para formar uma equipe podem competir como competidores individuais.

No método combinado, as equipes qualificam para perguntas bônus. Os pontos bônus conseguidos com a resposta correta a uma pergunta bônus fazem parte dos pontos totais da equipe, ao invés de fazer parde da pontuação de um competidor individual. Há perguntas bônus para as competições de zona/área, distrito e região. Perguntas bônus tipicamente incluem recitar algum versículo memorizado.

O diretor distrital de Desafio Bíblico para Crianças seleciona o método individual ou o método combinado para o Nível Avançado de competição.

PONTOS EMPATADOS

Empates entre competidores individuais ou equipes nunca vão para o desempate. Todas as crianças ou equipes que empatarem recebem o mesmo reconhecimento, o mesmo prêmio e o mesmo avanço para o próximo nível de competição.

PERGUNTAS BÔNUS

Perguntas bônus fazem parte do Nível Avançado, mas somente para equipes, e não indivíduos. Equipes devem se qualificar para poderem receber uma pergunta bônus. Perguntas bônus aparecem depois das perguntas 5, 10, 15, e 20.

Para qualificar para uma pergunta bônus, a equipe só poderá ter um número de erros igual ou menor ao número de competidores que formam a equipe. Por exemplo, uma equipe de quatro pessoas pode ter tido apenas quatro respostas erradas ou menos. Uma equipe de cinco competidores pode ter cinco respostas erradas ou menos.

Os pontos bônus para uma resposta correta tornam-se parte da pontuação total da equipe e não da pontuação individual de uma criança.

O diretor distrital de Desafio Bíblico para Crianças determina a maneira como as crianças poderão responder as perguntas bônus. Na maioria das situações, a criança dá verbalmente a resposta ao juiz de pontuação.

Antes de ler a pergunta bônus, o diretor local de Desafio Bíblico para Crianças seleciona um membro da equipe para responder a pergunta bônus. A mesma criança pode responder todas as perguntas bônus em uma rodada ou pode haver uma criança diferente respondendo a cada pergunta bônus.

INTERVALOS

O diretor distrital de Desafio Bíblico para Crianças determina o número de intervalos que cada igreja pode pedir. Cada igreja recebe o mesmo número de intervalos, independente do número de competidores individuais ou de equipes daquela igreja. Por exemplo, se o diretor distrital decidir dar um intervalo, cada igreja receberá somente um intervalo.

O diretor distrital de Desafio Bíblico para Crianças determina se haverá um intervalo automático durante a competição e qual será a pontuação específica para a realização de um intervalo em cada competição.

O diretor local de Desafio Bíblico para Crianças é o único indivíduo que pode pedir um intervalo para uma equipe de igreja local.

O diretor distrital de Desafio Bíblico para Crianças ou o Moderador de Desafio podem pedir um intervalo em qualquer momento.

O diretor distrital de Desafio Bíblico para Crianças, antes de começar a competição, determina a duração dos intervalos para a competição. Todos os intervalos devem ter a mesma duração.

PONTUAÇÃO

Há dois métodos de pontuação. O diretor distrital de Desafio Bíblico para Crianças é quem seleciona o método que será utilizado durante a competição.

Cinco Pontos

+ Dê cinco pontos para cada resposta correta. Por exemplo, se uma criança resposnder 20 perguntas corretamente em uma rodada de Nível Avançado, a criança ganha um total de 100 pontos.

+ Dê cinco pontos para cada resposta bônus correta na rodada de equipes na competição de Nível Avançado. Por exemplo, se cada membro de uma equipe com quatro pessoas responder a 20 perguntas corretamente no Nível Avançado e a equipe responder quatro perguntas bônus corretamente, a equipe ganha um total de 420 pontos.

Os pontos do Nível Básico serão menores, já que este nível conta apenas com 15 perguntas por rodada, e por ser essa uma competição somente individual.

Um Ponto

Dê um ponto para cada resposta correta, como a seguir:

+ Dê um ponto para cada resposta certa. Por exemplo, se uma criança responder corretamente a 20 perguntas na rodada de Nível Avançado, a criança ganha um total de 20 pontos.

+ Dê um ponto para cada resposta bônus certa na rodada de equipe de Desafio de Nível Avançado. Por exemplo, se cada membro da equipe de quatro pessoas responder 20 perguntas corretamente no Nível Avançado e a equipe responder quatro perguntas bônus corretamente, a equipe terá um total de 84 pontos.

Os pontos do Nível Básico serão menores, já que há somente 15 perguntas por rodada, e essa é uma competição somente individual.

APELAÇÕES

As apelações devem ser exceções e não algo muito comum durante a competição.

Solicite uma apelação somente quando a resposta marcada como correta na pergunta realmente estiver incorreta em relação a referência bíblica dada para aquela questão. Apelações lançadas por qualquer outra razão são inválidas.

Um competidor, um diretor de gincana ou qualquer outro participante da competição não pode fazer uma apelação, porque não gostam das palavras usadas para a pergunta ou para as respostas ou por acharem que a pergunta é muito difícil ou confusa.

O diretor local da Desafio Bíblico para Crianças é a única pessoa que pode fazer uma apelação para uma pergunta da competição.

Se qualquer outro indivíduo fizer uma apelação, a apelação é automaticamente considerada "inválida".

Indivíduos que fazem apelações inválidas interrompem a competição e fazem com que as crianças percam a concentração. Os indivíduos que consistentemente fizeram apelações inválidas, ou criarem problemas argumentando sobre a decisão de uma apelação, perderão o privilégio de apelar pelo resto da competição.

O diretor distrital de Desafio Bíblico para Crianças, ou o moderador do desafio, na ausência de um diretor distrital de Desafio Bíblico para Crianças, tem autoridade para remover o privilégio de apelar de qualquer indivíduo que abusar desse privilégio.

O diretor distrital de Desafio Bíblico para Crianças determina como podem ser feitas as apelações para as perguntas da competição antes da competição começar.

+ A apelação será escrita ou verbal?

+ Quando uma pessoa pode apelar (durante uma rodada ou no fim de uma rodada)?

O diretor distrital de Desafio Bíblico para Crianças deve explicar o procedimento das apelações para os diretores locais de Desafio Bíblico para Crianças no início do ano do desafio.

O moderador de desafio e o diretor distrital de Desafio Bíblico para Crianças seguem os passos a seguir para lidar com uma apelação.

Determine se a apelação é válida ou inválida. Para fazer isso, ouça o motivo da apelação. Se o motivo for válido, pois a resposta dada como correta é incorreta de acordo com a referência bíblica, siga os procedimentos de apelação determinados pelo distrito.

Se o motivo para a apelação for inválido, anuncie que a apelação é inválida e a competição continua.

Se mais de uma pessoa apelar a mesma pergunta, o moderador do desafio ou o diretor distrital do desafio seleciona um diretor local de desafio para explicar o motivo da apelação. Depois da apelação a uma pergunta, ninguém mais poderá apelar sobre a mesma pergunta.

Se uma apelação for válida, o diretor distrital de Desafio Bíblico para Crianças, ou o moderador de gincana na ausência do diretor, determina como lidar com a pergunta que foi apelada. Selecione uma das seguintes opções.

Opção A: Elimine a pergunta e não a substitua. O resultado é que uma rodada de 20 perguntas se converte em uma rodada de 19 perguntas.

Opção B: Dê para cada criança os pontos que ela receberia por um resposta correta a pergunta.

Opção C: Substitua a pergunta. Faça uma nova pergunta aos competidores.

Opção D: Deixe que as crianças que deram a resposta que estava marcada como certa nas perguntas oficiais ficarem com os pontos. Faça uma outra pergunta para as crianças que deram uma resposta incorreta.

NÍVEIS DE PREMIAÇÃO

O Desafio Bíblico para Crianças tem a filosofia de dar a todas as crianças a oportunidade de responder todas as perguntas, e cada criança recebe o reconhecimento por cada resposta correta que ela der. Entretanto, o Desafio Bíblico para crianças é uma competição que usa perguntas de múltipla escolha e empates nunca vão para o desempate.

Crianças e igrejas não competem umas contra as outras. Elas competem para alcançar um nível de premiação. Todas as crianças e todas as igrejas que alcançarem o mesmo nível de premiação receberão o mesmo prêmio. Empates nunca vão para desempate.

Níveis de Premiação Recomendados:
+ Troféu de Bronze = 70-79% de acertos
+ Troféu de Prata = 80-89% de acertos
+ Troféu de Ouro = 90-99% de acertos
+ Troféu Estrela de Ouro = 100% de acertos

Resolva todas as questões sobre pontuação e apelações antes de fazer a entrega dos prêmios. O moderador de gincana e os juízes de pontuação devem ter certeza de que todos os pontos estão corretos antes da premiação.

Nunca tire o prêmio de uma criança depois que ela o recebeu. Se houver um erro, as crianças podem receber um prêmio mais alto, mas não um prêmio mais baixo. Isso vale para prêmios individuais e de equipe.

ÉTICA DE COMPETIÇÃO

O diretor distrital de Desafio Bíblico para Crianças é a pessoa no distrito que tem a responsabilidade de conduzir as competições de acordo com as Regras e Procedimentos Oficiais para Desafio Bíblico de Crianças.

1. Ouvir Perguntas Antes da Competição. Já que as competições usam as mesmas perguntas, não é apropriado para as crianças e pessoas envolvidas na gincana participarem de outra competição de mesmo nível, seja de zona/área, distrito, ou região, antes de participarem de sua própria competição. Se um adulto que trabalha com Desafio Bíblico participar de outra competição, o diretor distrital de Desafio Bíblico para Crianças pode decidir desqualificar a igreja do adulto participante, impedindo sua participação competição. Se um dos pais e/ou criança assistirem outra competição, o diretor distrital de Desafio Bíblico para Crianças pode escolher desqualificar a igreja do pai e/ou criança participante, impedindo sua participação na competição.

2. Atitude e Conduta dos Facilitadores. Os adultos devem se conduzir de maneira profissional e cristã. As discussões sobre desentendimentos entre o diretor distrital de Desafio Bíblico para Crianças, o moderador de desafio e o juiz de pon-

tuação devem acontecer em particular. Os facilitadores adultos do Desafio não devem compartilhar sobre seus desentendimentos com as crianças. Um espírito de cooperação e espírito esportivo são importantes. As decisões e regras do diretor distrital de Desafio Bíblico para Crianças são definitivas. Anuncie essas decisões em um tom positivo para as crianças e para os adultos.

TRAPAÇAS

Trapaça (copiar) é coisa séria. Trate-a com seriedade.

O diretor distrital de Desafio Bíblico para Crianças, em consulta com o Conselho Distrital do Ministério Infantil, determina a política a ser seguida no caso de uma criança ou adulto trapacear durante a competição.

Tenha certeza de que todos os diretores locais de ministério infantil, pastores de crianças e diretores locais de Desafio Bíblico para Crianças recebem o material com a política e os procedimentos do distrito.

Antes de acusar um adulto ou criança de trapacear, tenha provas ou uma testemunha de que a trapaça ocorreu.

A seguir, apresentamos um procedimento que serve de exemplo. Tenha certeza de que o deaafio não será interrompido e que a pessoa acusada de trapacear não será envergonhada na frente dos outros.

+ Se você suspeitar que uma criança trapaceou, peça para alguém servir como juiz de trapaça para observar as áreas, mas não aponte para qualquer criança que estiver sob suspeita. Depois de algumas perguntas da competição, peça a opinião do juiz de trapaça. Se o juiz de trapaça não identificar qualquer tipo de cópia ou trapaça, continue com o desafio.

+ Se o juiz de trapaça viu a criança trapacear, peça para esse juiz confirmar isso. Não faça nada até que todos estejam seguros da trapaça.

+ Explique o problema para o diretor local de Desafio Bíblico para Crianças e peça para o diretor falar com a pessoa acusada em particular.

+ O moderador do desafio, o juiz de trapaça, e o diretor local de Desafio Bíblico para Crianças devem ficar observando caso a trapaça continue.

+ Se a trapaça ou cópia continuar, o moderador do desafio e o o diretor local de Desafio Bíblico para Crianças devem falar com a pessoa acusada em particular.

+ Se a trapaça ou cópia continuar, o moderador do desafio deverá comunicar o diretor local de Desafio Bíblico que a pontuação daquela criança será eliminada da competição oficial.

No caso da trapaça ser do juiz de pontuação, o diretor distrital de Desafio Bíblico pedirá para o juiz de pontuação sair e um novo juiz tomará o lugar dele.

No caso da trapaça vir de alguém da plateia, o diretor distrital de Desafio Bíblico para Crianças lidará com a situação da maneira em que julgar ser mais apropriada.

DECISÕES NÃO RESOLVIDAS

Consulte o Escritório Global de Desafio Bíblico para Crianças sobre decisões não resolvidas.

Versículo para Memorização

"Porque os olhos do Senhor estão sobre os justos e os seus ouvidos atentos à sua oração, mas o rosto do Senhor volta-se contra os que praticam o mal" (1 Pedro 3:12).

Verdade Bíblica

Deus se importa conosco e Ele ouve as nossas orações.

Foco

Neste estudo, as crianças aprenderão que Deus nos ama e espera que O adoremos. A oração é uma forma de adoração a Deus. Deus ouve as nossas orações.

Dica de Ensino

Conte às crianças sobre alguma vez que Deus disse "sim" em resposta a uma oração importante que você fez. Lembre-as de que Deus ouve e responde a todas as orações. Mas nem sempre Ele diz "sim". Às vezes, a resposta é "espere" ou "não". Mesmo assim, Ele ainda quer ouvir seus filhos e filhas e, por isso, eles não devem deixar de orar sobre nada.

1 Samuel 1:1-28; 2:11

COMENTÁRIO BÍBLICO

Leia 1 Samuel 1:1-28; 2:11. Samuel foi um profeta importante em um momento crucial na história de Israel. A vida de Samuel começou em meio a circunstâncias milagrosas.

A mãe de Samuel, Ana, tinha dificuldades para engravidar. Na cultura de Ana, sua incapacidade de engravidar era algo que trazia humilhação. A segunda esposa de seu marido, Penina, atormentava Ana. Ana orava e pedia a Deus um filho.

A oração de Ana não foi egoísta. Ana queria ter um filho pelo menos por três razões: para agradar seu marido, para se livrar de sua vergonha e para acabar com o tormento de Penina. Ana fez um voto de que ela dedicaria seu filho para o serviço do Senhor.

Deus deu um filho a Ana e ela o dedicou ao Senhor como havia prometido. O sacrifício de Ana trouxe bênçãos para ela e para a nação de Israel.

CARACTERÍSTICAS DE DEUS

+ Deus nos escuta quando oramos.
+ Deus responde as nossas orações.

PALAVRAS DE NOSSA FÉ

Oração é conversar com Deus, o que inclui falar e ouvir. Podemos orar em qualquer momento, em qualquer lugar e sobre qualquer coisa.

PESSOAS

Elcana era o pai de Samuel.

Ana era a esposa de Elcana e mãe de Samuel.

Penina era a outra esposa de Elcana.

Eli era sacerdote em Siló.

Samuel era o filho de Elcana e Ana. Ana o dedicou ao Senhor antes de seu nascimento.

LUGARES

Ramataim era a cidade onde Elcana e sua família moravam. **Ramá** era a abreviação de Ramataim. Ficava cerca de 30 kilômetros ao norte de Jerusalém.

Siló era a cidade onde o Tabernáculo estava localizado.

O Tabernáculo era um lugar ou uma casa de adoração. Foi feito para uma grande congregação.

ATIVIDADE

Antes das crianças chegarem, escolha um lugar que fique perto de sua sala. Esse lugar pode ser dentro ou fora. A área deve ter espaço suficiente para todas as crianças. Nesse lugar, faça um altar simples com pedras. Esse altar representará o Tabernáculo em Siló. No Tabernáculo, Elcana e sua família adoravam ao Senhor e faziam sacrifícios para o Senhor.

Diga:

Hoje nós vamos caminhar um pouco. Isso lhes ajudará a entender o que as pessoas do estudo de hoje passaram.

Leve as crianças para o lugar que você escolheu para o altar. Nesse lugar, cante uma ou duas canções com as crianças e peça para uma criança orar.

Diga:

No Antigo Testamento, as pessoas viajavam longas distâncias até o Tabernáculo para adorarem a Deus. Talvez alguns de vocês viajaram uma longa distância hoje. Nós aprenderemos sobre Elcana que levou a sua família ao Tabernáculo para adorar e oferecer um sacrifício a Deus. Eles viajaram cerca de 30 quilômetros até o Tabernáculo. Elcana e sua família faziam essa viagem somente uma vez por ano, porque era uma viajem muito longa para eles. Nós caminhamos para esse lugar para adorar a Deus e para orar. Mas nós não tivemos que viajar para adorar a Deus ou para orar. Podemos adorar a Deus e orar em qualquer lugar, em qualquer momento!

Volte para a sala.

LIÇÃO BÍBLICA

Prepare a história a seguir, adaptada de 1 Samuel 1:1-28; 2:11, antes de contá-la para as crianças.

Elcana era da cidade de Ramataim. Ele tinha duas esposas, Ana e Penina. Penina tinha filhos, mas Ana não tinha filhos.

Todo ano, Elcana levava a sua família para Siló, para adorar no Tabernáculo. O sacerdote no Tabernáculo era Eli. Eli tinha dois dilhos que também eram sacerdotes. No Tabernáculo, Elcana adorava ao Senhor e fazia sacrifícios para Ele. Quando chegou a hora do sacrifício de Elcana, ele deu porções de carne para Penina e seus filhos. Para Ana, Elcana deu uma porção dupla de carne, porque ele a amava e porque ela não conseguia ter filhos. Penina provocava muito a Ana, e, por isso, Ana chorava e não comia.

No tabernáculo em Siló, Ana chorou e orou. Ana fez um voto ao Senhor. Ela pediu que Ele lhe desse um filho. Em gratidão, Ana daria seu filho de volta para o Senhor, para viver em Siló e ser aprendiz do sacerdote, Eli. Ana também fez o voto que ninguém cortaria o cabelo de seu filho. Essa era uma outra forma que as pessoas usa-

vam para dedicar suas vidas ao Senhor. Enquanto orava, Ana mexia seus lábios, mas ela não dizia nada em voz alta. Eli não entendeu o que a Ana estava fazendo, então ele a acusou de estar embriagada, que quer dizer "bêbada". Eli disse a ela: "Até quando você continuará embriagada?" "Não se trata disso, meu senhor," Ana respondeu, "Sou uma mulher muito angustiada. Eu não bebi. Estava derramando minha alma diante do Senhor. Não julgues tua serva por uma mulher da vida. Estou orando aqui até agora por conta da minha angústia e tristeza." Depois de explicar sua oração para Eli, ele a abençoou. Ana não estava mais triste.

Na manhã seguinte, Elcana e Ana adoraram ao Senhor e retornaram a Ramá.

O Senhor ouviu e respondeu a oração de Ana. Ana engravidou e teve um filho. Ana o chamou de Samuel, dizendo: "Eu o pedi ao Senhor."

Na próxima vez que Elcana foi a Siló oferecer sacrifícios, Ana não foi. Ela disse a Elcana: "Depois que o menino for desmamado, eu o levarei e o apresentarei ao Senhor, e ele morará ali para sempre". Era parte da tradição uma mãe amamentar o filho até dois ou três anos. Elcana apoiou a decisão de Ana de esperar.

Depois que Samuel foi desmamado, Ana o levou ao Tabernáculo em Siló. Eles também trouxeram um sacrifício. Ana disse a Eli: "Meu senhor, eu sou a mulher que esteve aqui ao seu lado orando ao Senhor. Era este menino que eu pedia, e o Senhor concedeu-me o pedido. Por isso, agora, eu o dedico ao Senhor."

Samuel ficou no Tabernáculo em Siló com Eli. Eli treinou Samuel para servir ao Senhor.

Anime as crianças a responderem as seguintes perguntas. Não há respostas certas ou erradas. Essas perguntas ajudarão as crianças a entenderem a história e a aplicarem em suas vidas.

1. Elcana viajou cerca de 30 quilômetros para adorar ao Senhor. Quanto tempo você viaja para adorar ao Senhor?

2. Ana orou ao Senhor pedindo um filho. Por que ela acreditava que Deus responderia as suas orações?

3. Por que Ana entregaria seu único filho? Como você acha que ela se sentiu?

4. Como é que o versículo para memorização, 1 Pedro 3:12, se relaciona com essa história?

Diga às crianças:

Deus se importa com vocês e Ele escuta as suas orações. Vocês podem falar com Ele sobre qualquer coisa. Ele quer ouvir quando vocês estão preocupados. Ele quer saber quando vocês se sentem tristes e quando vocês estão felizes. Ele os ama e Ele os escuta. Passem um tempinho agora agradecendo a Deus por Seu amor e cuidado. Agradeçam-no por ouvir as suas orações.

VERSÍCULO PARA MEMORIZAÇÃO

Pratique o versículo para memorização da lição. Você encontrará sugestões na página 139.

ATIVIDADES ADICIONAIS

Escolha alguma dessas opções para incrementar o seu estudo bíblico com as crianças.

1. Compare a experiência de Ana orando por um filho e o entregando a Deus com as experiências

dessas outras mulheres na Bíblia: Sara (Gênesis 17:15-18:5; 21:1-7), Isabel (Lucas 1:5-25, 57-66), Maria (Lucas 1:26-38, 2:1-7). Leia essas passagens para as crianças. Pergunte: **Como cada mulher reagiu quando ela descobriu que teria um filho? Que tipo de fé vemos nessas mulheres?**

2. Para revisar a história, conte as boas experiências e as experiências difíceis da vida de Ana. Compartilhe também sobre as experiências boas e difíceis de sua própria vida. Depois, diga como as experiências da história de Ana poderiam lhe ajudar ou lhe encorajar.

ANOTAÇÕES:

PERGUNTAS PARA COMPETIÇÃO
(NÍVEL BÁSICO)

Para preparar as crianças para a competição, leia para elas 1 Samuel 1:1-28; 2:11.

1 **Qual das esposas de Elcana não podia ter filhos? (1:2, 5)**

1. Ana
2. Penina
3. Nenhuma das duas podia ter filhos.

2 **Onde Elcana foi para adorar e fazer sacrifício para o Senhor? (1:3)**

1. Ramá
2. Siló
3. Zufe

3 **O que Elcana deu a Ana no dia do sacrifício? (1:4-5)**

1. Nada
2. Uma porção de carne
3. Uma porção dupla de carne

4 **Por que Elcana deu uma porção dupla de carne para Ana? (1:5)**

1. Ele a amava e ela não tinha filhos.
2. Ele queria irritar Penina.
3. As duas respostas estão corretas.

5 **O que Ana fez enquanto estava em Siló? (1:10)**

1. Ela chorou muito.
2. Ela orou ao Senhor.
3. As duas respostas estão corretas.

6 O que Ana disse a Deus que ela faria se Ele a desse um filho? (1:11)

1. Ela o dedicaria ao Senhor por todos os dias de sua vida.
2. Ela nunca cortaria o cabelo nem a barba dele.
3. **As duas respostas estão corretas.**

7 Quem disse para Ana: "Vá em paz, e que o Deus de Israel lhe conceda o que você pediu"? (1:17)

1. Elcana
2. Penina
3. **Eli**

8 Que nome Ana deu ao seu filho? (1:20)

1. Hofni
2. Finéias
3. **Samuel**

9 Para onde Ana levou Samuel depois que ele foi desmamado?(1:24)

1. Ao Templo em Belém
2. **À casa do Senhor em Siló**
3. Aos montes de Efraim

10 Por quanto tempo Ana disse que Samuel seria dedicado ao Senhor? (1:28)

1. Até fazer 18 anos
2. **Por toda a sua vida**
3. Até fazer 12 anos

PERGUNTAS PARA COMPETIÇÃO
(NÍVEL AVANÇADO)

Para preparar as crianças para a competição, leia para elas 1 Samuel 1:1-28; 2:11.

1 O que Elcana fazia ano após ano em Siló? (1:3)

1. Ele visitava a sua família.
2. Ele cuidava da fazenda de seu irmão.
3. **Ele oferecia sacrifícios e adorava ao Senhor.**
4. Todas as opções acima.

2. Quantas porções de carne Elcana deu a Penina? (1:4)

1. **O suficiente para ela, seus filhos e filhas**
2. Uma porção dupla somente para ela
3. Porções duplas para ela e seus filhos
4. Nenhuma das anteriores

3 Por que Penina provocava Ana? (1:6)

1. Penina queria uma porção dupla.
2. Penina não podia ter filhos.
3. **Ana não podia ter filhos.**
4. Todas as opções anteriores.

4 O que Eli pensou quando ele viu Ana orar? (1:12-13)

1. Que Ana estava dormindo.
2. Que Ana era muito barulhenta.
3. **Que Ana estava embriagada.**
4. Que Ana era muito quietinha.

5 O que Ana disse a Eli depois que ele a acusou de estar embriagada? (1:15-16)

1. "Sou uma mulher muito angustiada".
2. "Estava derramando minha alma diante do Senhor".
3. "Estou orando aqui até agora por causa de minha grande angústia e tristeza"."
4. **Todas as opções anteriores.**

6 Por que Ana deu ao seu filho o nome de Samuel? (1:20)

1. Eli disse para Ana chamar seu filho de Samuel.
2. **Ana pediu um filho ao Senhor**
3. Esse era o nome do pai de Elcana.
4. Esse era o sobrenome de Elcana.

7. Quando Ana apresentaria Samuel ao Senhor? (1:22)

1. Quando ele fizesse 12 anos
2. Quando ele estivesse andando
3. Quando ele fizesse 18 anos
4. **Quando ele fosse desmamado**

8 Quanto tempo Samuel viveria no Tabernáculo? (1:22)

1. Por 18 anos
2. Até que o Senhor falasse com ele
3. **Para sempre**
4. Por 12 anos

9 Quem treinou Samuel para ser um ministro diante do Senhor? (2:11)

1. **Eli, o sacerdote**
2. Elcana
3. Hofni
4. Finéias

10 Complete esse versículo: "Porque os olhos do Senhor estão sobre os justos e os seus ouvidos atentos à sua oração, mas o rosto do Senhor volta-se..." (1 Pedro 3:12)

1. **"...contra os que praticam o mal."**
2. "...à favor dos que praticam o mal".
3. "...contra os que praticam o bem".
4. "...à favor dos que o desobedecem."

Versículo para Memorização

"Honrarei aqueles que me honram, mas aqueles que me desprezam serão tratados com desprezo" (1 Samuel 2:30).

Verdade Bíblica

Deus honra aqueles que O escutam e O obedecem.

Foco

Nesse estudo, as crianças aprenderão que Deus pode nos pedir coisas difíceis. Ele quer que obedeçamos o que Ele nos diz.

Dica de Ensino

Avise as crianças que Deus provavelmente não vai falar com elas com uma voz audível. Às vezes, Deus fala conosco quando O ouvimos durante a oração. Ele fala conosco através da Bíblia, através das pessoas, através de músicas e de outras maneiras.

COMENTÁRIO BÍBLICO

Leia 1 Samuel 2:17-19; 34-35; 3:1-4:1. Quando era menino, Samuel morou e serviu no Tabernáculo sob o cuidado de Eli. Durante esse tempo, a "palavra do Senhor" era rara. Isso significa que Deus não falava com as pessoas através dos profetas. Os líderes religiosos eram corruptos e não faziam seus deveres religiosos adequadamente. Os que mais ofendiam a Deus eram Hofni e Finéias, os filhos malvados de Eli. Eli os repreendeu pelo que fizeram, mas não fez nada para impedir suas ações.

Uma noite, o Senhor falou com Samuel. Deus disse a Samuel o que iria acontecer a Eli e aos seus filhos. Eli pediu para que Samuel lhe contasse o que Deus havia dito. A primeira profecia de Samuel foi muito difícil. Deus iria punir e substituir a antiga família de sacerdotes por causa do pecado deles.

Samuel foi um servo fiel e entregou a palavra de Deus corretamente. Quando os eventos aconteceram do jeito que Samuel falou, as pessoas aceitaram Samuel como um profeta de Deus.

CARACTERÍSTICAS DE DEUS

+ Deus fala conosco e ele quer que o escutemos.
+ Deus, às vezes, nos pede para fazer coisas difíceis.

PESSOAS

Hofni e **Finéias** eram filhos de Eli. Eles eram sacerdotes em Siló, mas eles eram maus.

Um Profeta é uma pessoa que Deus escolhe para receber e entregar suas mensagens ao povo. Um profeta fala em nome de Deus.

LUGARES

A Tenda do Encontro é outro nome usado para o Tabernáculo. Esse era um lugar de adoração para os Israelitas. Samuel vivia ali juntamente com Eli.

Todo Israel, desde Dã até Berseba refere-se a terra de Israel de norte a sul.

COISAS

Uma túnica de linho é uma vestimenta sem manga usada pelo sacerdote.

Incenso é uma substância queimada no altar como uma oferta a Deus. Ela tem um aroma suave.

ATIVIDADE

Para se preparar para esta atividade, junte vários objetos que façam sons reconhecíveis.

Paça para as crianças ficarem de costas para você, para que elas não lhe vejam.

Diga:

Eu vou fazer alguns sons. Depois de cada som, levante a sua mão para me dizer que objeto fez o som.

Faça um som e deixe uma criança dizer ao grupo qual foi o objeto que fez aquele som. Repita o processo até as crianças identificarem cada objeto.

Diga:

Hoje, vocês ouviram cuidadosamente para poderem identificar o que os seus ouvidos ouviram. Vamos aprender sobre um menino que ouviu cuidadosamente algo que era difícil de reconhecer.

LIÇÃO BÍBLICA

Prepare a seguinte história, adaptada de 1 Samuel 2:12-29, 34-35; 3:1-4a, antes de contá-la às crianças.

Durante um sacrifício, o sacerdote cortava a parte gordurosa da carne e a dedicava a Deus. O sacerdote colocava a carne que ficava na panela para usar nas ofertas queimadas. Os sacerdotes pegavam uma porção dessa carne como pagamento por seus serviços. Um sacerdote colocava o garfo na panela e ficava com o pedaço de carne que ele conseguisse tirar.

Os filhos de Eli eram maus. Eles não tinham o menor respeito pelo Senhor e eles não usavam o sistema que Deus havia desenvolvido. Eles exigiam sua parte da carne do sacrifício primeiro, e eles ameaçavam pegar a carne pela força. Eles desejavam as melhores carnes, incluindo as partes gordurosas. Os filhos de Eli demonstravam uma total falta de respeito por Deus quando eles tratavam a oferta do Senhor de qualquer jeito.

A forma como Samuel vivia era diferente dos filhos de Eli. Samuel ministrava diante do Senhor. Todo ano a mãe de Samuel levava uma túnica para ele. O Senhor, por causa da fidelidade de Ana, foi gracioso para com ela e lhe deu três filhos e duas filhas.

Eli ficou sabendo de tudo que seus filhos faziam. Eli perguntou a eles: "Por que vocês fazem essas coisas?" Mas os filhos dele não ouviram a repreensão de seu pai. Entretanto, Samuel crescia em estatura e estimado pelo Senhor e pelo povo.

Um homem de Deus veio a Eli e lhe entregou a mensagem do Senhor. "Eu escolhi seu pai de todas as tribos de Israel para ser meu sacerdote. Você escolheu honrar seus filhos ao invés de mim. Seus dois filhos, Hofni e Finéias, os dois morrerão no mesmo dia. Levantarei para mim um sacerdote fiel."

Naqueles dias, a palavra do Senhor era rara. As pessoas não tinham muitas visões

de Deus. Uma noite, enquanto Samuel dormia, o Senhor chamou a Samuel. Samuel correu para Eli e disse: "Estou aqui; o senhor me chamou?" Mas Ele respondeu: "Eu não o chamei. Volte e deite-se."

Então, Samuel voltou e deitou. A mesma coisa aconteceu por duas vezes mais, e Samuel pensou que Eli estava falando com ele. Então, Eli percebeu que o Senhor estava chamando o menino.

Eli disse a Samuel, "Vá e deite-se; se ele chamá-lo, diga: 'Fala, pois o teu servo está ouvindo.'"

O Senhor voltou a chamá-lo como nas outras vezes: "Samuel, Samuel!"

Então, Samuel disse: "Fala, pois o teu servo está ouvindo."

O Senhor disse para ele: "Eu vou fazer tudo o que eu prometi fazer com Eli e sua família." Eli não pecou da mesma forma que seus filhos pecaram, mas ele permitiu que essas ações pecaminosas acontecessem. Eli demonstrou um amor maior pelos seus filhos do que por Deus.

Samuel ficou deitado até de manhã. Ele estava com medo de contar a visão para Eli. Eli pediu que Samuel lhe contasse o que o Senhor disse. Samuel lhe contou tudo. Então, Eli disse: "Ele é o Senhor; que faça o que lhe parecer melhor."

O Senhor acompanhou Samuel enquanto ele crescia. O Senhor se revelou a Samuel em Siló. Todo o Israel reconheceu a Samuel como profeta do Senhor e ouviu as suas palavras.

Anime as crianças a responderem as seguintes perguntas. Não há respostas certas ou erradas. Essas perguntas ajudarão as crianças a entenderem a história e a aplicarem em suas vidas.

1. Quais eram os pecados de Hofni e Finéias?

2. Por que o Senhor puniu toda a casa de Eli se seus filhos eram quem estava pecando? Isso foi justo?

3. Deus falou através de um profeta com Eli em I Samuel 2:27-36. A Bíblia não nos conta como Eli respondeu. Como você acha que Eli respondeu a esse profeta?

4. Ninguém em Israel ouvia a voz do Senhor há muito tempo. Depois, Deus falou com Samuel e não com Eli, o sacerdote chefe. Por que Deus fez isso?

5. O versículo para memorização dessa lição é de I Samuel 2:30: "Honrarei aqueles que me honram, mas aqueles que me desprezam serão tratados com desprezo." O que esse versículo tem a ver com a história?

6. Imagine se você fosse Samuel e ouvisse a palavra do Senhor. Você diria a Eli tudo o que o Senhor disse? Como você acha que Samuel se sentiu quando ele entregou a mensagem a Eli?

Você tem amigos que não ouvem a Deus nem O obedecem? Às vezes, você pode querer seguir seus amigos e não obedecer a Deus. Mas Deus honra aqueles que O escutam e O obedecem. Porque Samuel ouviu a Deus e O obedeceu, Deus honrou Samuel. Deus também lhe honrará se você O obedecer. Você honra a Deus quando você lê a Bíblia, obedece a Deus e obedece seus pais e professores.

VERSÍCULO PARA MEMORIZAÇÃO

Pratique o versículo para memorização da lição. Você encontrará sugestões na página 139.

ATIVIDADES ADICIONAIS

Escolha alguma dessas opções para incrementar o estudo bíblico.

1. Prepare um trajeto com obstáculos para a sua turma. Use cadeiras, mesas e caixas, ou qualquer coisa que você tiver. Prepare um pedaço de pano para poder tampar os olhos.

   Pergunte: **Qual foi a diferença entre a forma que os filhos de Eli responderam a Deus e a forma que Samuel respondeu a Deus? Vamos ver como é importante ouvir a voz certa.**

   Deixe uma criança com os olhos tampados fazer o trajeto. Guie-a pelos obstáculos com suas instruções faladas.

   Pergunte: **Por que é importante ouvir a Deus? Quais seriam algumas das consequências de não ouvirmos a Deus? Você me ouviu e Samuel ouviu a Deus. É importante que você ouça a Deus e O obedeça. Fale sobre alguma vez que você ouviu a Deus e O obedeceu.**

2. Leia Êxodo 3:1-9 e Atos 9:10-16. Diga: **Nós lemos sobre como Deus falou diretamente com Moisés e Ananias. Deus falou diretamente com Samuel e Samuel ouviu a voz de Deus. Como é que a experiência de Samuel é diferente da dos outros? E como as experiências deles são parecidas?**

3. Leia 1 Samuel 2:26. Diga: **Há um versículo parecido em Lucas 2:52.** Leia esse versículo. Pergunte: **Quem Lucas está descrevendo em Lucas 2:52? Por que esses versículos são importantes para crianças?** Peça para as crianças usarem gestos com as mãos para demonstrarem como Samuel e Jesus cresceram.

PERGUNTAS PARA COMPETIÇÃO
(NÍVEL BÁSICO)

Para preparar as crianças para competição, leia para elas 1 Samuel 2:12-29, 34-35, 3:1-4:1.

1 Por que o pecado dos filhos de Eli era muito grande à vista do Senhor? (2:17)

1. Eles eram sacerdotes, mas se recusavam a trabalhar no templo.
2. **Eles tratavam a oferta do Senhor de qualquer jeito.**
3. As duas respostas estão corretas.

2 Quantos filhos mais Ana teve? (2:21)

1. Dois filhos e uma filha
2. Três filhos e três filhas
3. **Três filhos e duas filhas**

3 O que os filhos de Eli fizeram quando ele os repreendeu? (2:25)

1. Eles deram atenção.
2. **Eles não deram atenção.**
3. Eles deram atenção por um tempo.

4 Como Samuel continuava a crescer? (2:26)

1. Em estatura
2. Estimado pelo Senhor e pelo povo
3. **As duas respostas estão corretas.**

5 Quem o Senhor disse a Eli que levantaria? (2:35)

1. **Um sacerdote fiel**
2. Os filhos de Eli
3. Eli

6 Como é que a Bíblia diz que a Palavra do Senhor era nos dias em que Eli treinou Samuel? (3:1)

1. Comum
2. **Rara**
3. Obedecida

7 O que Samuel fez a primeira vez que o Senhor o chamou? (3:4-5)

1. Ele correu até Eli.
2. Ele correu até Eli e disse: "Estou aqui; o senhor me chamou?"
3. **As duas respostas estão corretas.**

8 O quanto Samuel contou para Eli da visão do Senhor? (3:18)

1. Quase tudo
2. **Tudo**
3. Nada

9 Quem reconheceu Samuel como profeta do Senhor? (3:20)

1. **Todo o Israel**
2. Todo o Egito
3. Todo o mundo

10 Complete o versículo: "Honrarei aqueles que me honram, mas aqueles que . . ." (1 Samuel 2:30d)

1. **". . . me desprezam serão tratados com desprezo."**
2. ". . . não me respeitarem serão punidos."
3. ". . . me odiarem encontrarão sofrimento."

PERGUNTAS PARA COMPETIÇÃO
(NÍVEL AVANÇADO)

Para preparar as crianças para competição, leia 1 Samuel 2:12-29, 34-35, 3:1-4:1 para elas.

1 Quando Ana dava para Samuel uma túnica que ela fazia para ele? (2:19)

1. Quando subia a Siló com o marido para oferecer o sacrifício anual

2. Duas vezes por ano

3. No aniversário de Samuel

4. Quando o Senhor mandava

2 O que Eli disse aos seus filhos quando ele descobriu sobre os pecados deles? (2:22-23, 25)

1. "Por que vocês fazem estas coisas?"

2. "De todo o povo ouço a respeito do mal que vocês fazem."

3. "Se pecar contra o Senhor, quem intercederá por ele?"

4. Todas as opções acima.

3 O que o homem de Deus disse a Eli sobre seus filhos? (2:34)

1. Hofni será indicado para sacerdote chefe.

2. Finéias será indicado para ser rei.

3. Os dois serão sacerdotes depois do pai morrer.

4. Os dois morrerão no mesmo dia.

4 Quem finalmente percebeu que o Senhor estava chamando Samuel? (3:8)

1. Hofni

2. Finéias

3. Eli

4. Elcana

5 O que Samuel disse na quarta vez que o Senhor o chamou? (3:10)

1. "'Fala, pois o teu servo está ouvindo.'"

2. "'Eli, você me chamou de novo?'"

3. "'Quem está me chamando?'"

4. "'Senhor, por favor não fale comigo.'"

6 Por que o Senhor julgaria Eli e sua família para sempre? (3:13)

1. Eli roubava do povo.

2. Eli e seus filhos ofereceram o sacrifício errado.

3. Eli sabia dos pecados de seus filhos, mas não os puniu.

4. Todas as opções acima.

7 O que Samuel estava com medo de contar para Eli? (3:15)

1. Os pecados de Hofni e Finéias

2. A visão do Senhor

3. Que ele dormiu no Tabernáculo

4. Todas as opções acima.

8 O que Eli disse depois que Samuel lhe contou sobre a visão do Senhor? (3:18)

1. "'Ele é o Senhor; que faça o que lhe parecer melhor.'"

2. "'Eu não acredito no que o Senhor disse.'"

3. "'Por que o Senhor vai fazer isso com a minha família?'"

4. "'Eu não acho que você ouviu o Senhor corretamente.'"

9 O que o povo de Israel reconheceu a respeito de Samuel? (3:20)

1. Ele era um bom menino.

2. Ele seria o rei.

3. Ele era profeta do Senhor.

4. Ele era pastor.

10 Como o Senhor se revelava a Samuel? (3:21)

1. Por meio dos filhos de Eli

2. Por meio do conselho de Elcana

3. Por meio da Palavra do Senhor

4. Todas as opções acima.

Versículo para Memorização

"Não há ninguém santo como o Senhor; não há outro além de ti; não há rocha alguma como o nosso Deus" (1 Samuel 2:2).

Verdade Bíblica

O Senhor nosso Deus é o único Deus verdadeiro.

Foco

Nesse estudo, as crianças aprenderão que o Senhor nosso Deus é o único Deus verdadeiro. Elas aprenderão que Deus tem poder contra o mal.

Dica de Ensino

Lembre as crianças que existe somente um único Deus. Nós O servimos. Ele é o Deus da Bíblia. Deus tem muito poder. Ele tem mais poder que o deus dos filisteus.

COMENTÁRIO BÍBLICO

Leia 1 Samuel 4:1-5:12. A nação de Israel não tinha um bom relacionamento com Deus. Algumas das pessoas eram fiéis, mas a liderança era corrupta. Nessa lição, as crianças aprenderão o que aconteceu com os líderes israelitas devido a falta de um relacionamento verdadeiro com Deus.

Os israelitas perderam uma batalha contra os filisteus. Os israelitas tentaram manipular tanto o Senhor quanto a próxima batalha. Eles trouxeram a arca da aliança para o acampamento. Os israelitas perderam a segunda batalha e os filisteus tomaram a arca da aliança.

Finéias e Hofni morreram na batalha. Israel não levou em consideração a aliança com Deus e a derrota deles na batalha foi o julgamento de Deus sobre a nação.

Os filisteus criam que o deus deles, Dagom, era mais poderoso que o Senhor. Deus mostrou que isso não era verdade quando ele quebrou o ídolo de Dagom e afligiu os filisteus com tumores.

CARACTERÍSTICAS DE DEUS

+ Deus é o único Deus verdadeiro.
+ Deus tem poder sobre o mal.

PESSOAS

Um benjamita era um membro da tribo de Benjamim. Eles eram descendentes de Benjamim, um dos filhos de Jacó.

Os filisteus eram uma nação de pessoas que viviam perto do Mar Mediterrâneo. Eles eram inimigos dos israelitas.

LUGARES

Asdode, Gate e Ecrom eram três das maiores cidades dos filisteus.

COISAS

A arca da aliança era um baú de madeira que era coberto de ouro. As tábuas de pedra dos Dez Mandamentos, a vara de Arão e um pouco de maná estavam guardados dentro da arca. A arca do Senhor e a arca da aliança são a mesma coisa. A arca representava a presença de Deus.

Dagom era um dos deuses que os filisteus adoravam. Ele era o deus das colheitas.

ATIVIDADE

Você precisará desses itens para essa atividade.

+ Um balão ou uma pequena sacola
+ Um objeto pequeno, como uma moeda, uma pedra ou um botão

Divida as crianças em duas equipes. Uma equipe terá mais crianças que a outra. A equipe maior será dos israelitas. A equipe menor será dos filisteus.

Peça a equipe de filisteus fazer uma fila no fim da sala. Escolha um dos objetos pequenos para ser a arca e coloque-o dentro do balão ou da sacola. Coloque essa arca no lado oposto da sala.

Diga: **Nós escondemos a arca no balão, porque ela representa um objeto santo. Você não pode tocá-lo.**

Posicione os israelitas no meio, entre os filisteus e a arca. Cada participante israelita deve estar em um lugar diferente. Os israelitas podem proteger a arca somente pelo movimento de seus braços. Eles não podem mover seus pés. Os israelitas devem ficar parados e devem tentar pegar os filisteus quando estes estiverem se movendo na direção dos israelitas para tomar a arca.

Se um israelita pegar um filisteu, a criança da equipe dos filisteus deve sair do jogo. Se os israelitas pegarem todos os filisteus, os israelitas ganham. Se os filisteus tomarem a arca, os filisteus ganham.

LIÇÃO BÍBLICA

Prepare a história a seguir, adaptada de 1 Samuel 4:1--5:12, antes de contá-la para as crianças.

Os filisteus derrotaram os israelitas em uma batalha. Os filisteus mataram cerca de 4.000 israelitas. Os soldados de Israel decidiram levar a arca do Senhor de Siló e carregá-la para o acampamento deles. Os soldados pensaram que a arca da aliança do Senhor salvaria os israelitas de seus inimigos.

Quando os israelitas trouxeram a arca para o campo de batalha, eles gritaram tão alto que o chão estremeceu. Quando os filisteus ouviram o grito e descobriram que a arca da aliança estava ali, eles ficaram com medo.

Entretanto, mesmo com medo, os filisteus não recuaram. Ao invés disso, eles ficaram mais decididos a lutar. Os filisteus lutaram e derrotaram o exército de Israel. Trinta mil soldados do exército de Israel morreram. Os filisteus tomaram a arca de Deus durante essa batalha e os dois filhos de Eli, Hofni e Finéias, morreram.

Um soldado benjamita correu da batalha até Siló. Suas roupas estavam rasgadas e havia terra na sua cabeça. O soldado disse a todos que os israelitas foram derrotados, que os filhos de Eli estavam mortos e que os filiteus haviam capturado a arca da aliança. Quando o soldado disse o que aconteceu, todos na cidade começaram a gritar. As roupas do soldado e a terra em sua cabeça eram sinais visíveis que indicavam dor e luto.

Eli tinha noventa e oito anos e ele não conseguia enxergar. O soldado disse a Eli que houve matança entre os soldados, que

seus dois filhos estavam mortos e que os filisteus haviam tomado a arca de Deus. Quando o soldado mencionou a arca da aliança do Senhor, Eli caiu da cadeira para trás. Quando Eli caiu, ele quebrou o pescoço e morreu. Eli era um homem de idade e estava pesado.

A esposa de Finéias estava grávida e já estava chegando a hora de dar à luz. Quando ela recebeu essas más notícias, ela entrou em trabalho de parto e deu à luz. As dores do parto foram muito grandes para ela. Antes de morrer, ela chamou o menino de Icabode. Icabode significa: "a glória se foi". Essa mulher sentiu que a glória do Senhor havia deixado Israel.

Os filisteus tomaram a arca de Deus, a levaram para Asdode e a colocaram ao lado da estátua de Dagom. Dagom era um dos deuses que os filisteus adoravam. Quando as pessoas de Asdode acordaram no dia seguinte, Dagom estava com o seu rosto no chão, caído diante da arca da aliança. Os filisteus colocaram Dagom de volta no seu lugar. Na manhã seguinte, Dagom estava caído novamente. Dessa vez, sua cabeça e suas mãos estavam quebradas. Então, o Senhor afligiu o povo de Asdode com tumores.

Quando os homens de Asdode viram o que aconteceu, eles disseram que a arca não poderia ficar com eles. Os governantes dos filisteus mandaram a arca para Gate. Quando eles mudaram a arca para Gate, o Senhor afligiou o povo de Gate com uma epidemia de tumores.

Depois, os governantes dos filisteus enviaram a arca para Ecrom. O povo de Ecrom pediu que seus governantes enviassem a arca de volta para Israel. Os filisteus que não morreram foram afligidos com tumores e eles clamavam aos céus.

Anime as crianças a responderem as seguintes perguntas. Não há respostas certas ou erradas. Essas perguntas ajudarão as crianças a entenderem a história e a aplicarem em suas vidas.

1. **Por que os israelitas trouxeram a arca da aliança para a batalha?**
2. **Os israelitas trataram a arca da aliança como se ela fosse mágica. Isso foi certo ou errado? Por quê?**
3. **Por que os israelitas ficaram tristes e preocupados quando a arca da aliança foi roubada?**
4. **Imagine se você fosse um filisteu. O que você pensaria quando a estátua de Dagom caísse duas vezes?**
5. **Quando foi que os filisteus ficaram com medo dos israelistas pela primeira vez? Por quê?**
6. **Como é que o versículo para memorização de hoje, 1 Samuel 2:2, se relaciona com essa história e com as nossas vidas?**

Diga as crianças: **Nessa lição, nós aprendemos que Deus é o único e verdadeiro Deus. Devemos adorar somente a Ele. Deus deve ser o nosso primeiro amor e a nossa primeira adoração.**

Também aprendemos que Deus tem um grande poder. Dagom caiu com o rosto em terra diante da arca da aliança. Isso mostrou aos filisteus que Deus tinha mais poder que Dagom. Você sempre pode confiar em Deus, porque Ele é o único Deus!

VERSÍCULO PARA MEMORIZAÇÃO

Pratique o versículo para memorização da lição. Você encontrará sugestões na página 139.

ATIVIDADES ADICIONAIS

Escolha alguma dessas opções para incrementar o estudo bíblico.

1. Faça um mapa da jornada da arca do Senhor em 1 Samuel 4:1--5:12. Coloque o nome das cidades e das regiões. Desenhe símbolos para representar os eventos que aconteceram nessas cidades e regiões. Use o seu mapa como uma revisão da história dos filisteus que capturaram a arca. Um atlas bíblico ou a Internet são recursos úteis para essa atividade.

2. Explique o significado da palavra manipular: Influenciar com destreza alguém para fazer o que você quer. Pergunte: **Você já tentou manipular a Deus? Por exemplo, você já prometeu a Deus que você faria algo bom, ou não faria algo ruim, se Deus te desse alguma coisa?** Deixe as crianças responderem. Diga: **Os israelitas tentaram manipular a Deus quando eles trouxeram a arca para o campo de batalha. Eles trataram a arca como algo que tivesse poder mágico. Tentar manipular a Deus é uma má ideia. O que deveríamos fazer ao invés disso?** (Aqui estão algumas respostas possíveis: orar, tentar aprender o que Ele quer que façamos, confiar nEle e obedecê-Lo.)

ANOTAÇÕES:

PERGUNTAS PARA COMPETIÇÃO
(NÍVEL BÁSICO)

Para preparar as crianças para competição, leia para elas 1 Samuel 4:1--5:12.

1 **De onde os israelitas pegaram a arca depois que os filisteus os derrotaram em Afeque? (4:3-4)**

1. Ramá
2. Efraim
3. **Siló**

2 **Como os filisteus se sentiram quando eles ouviram os gritos do acampamento dos israelitas? (4:7)**

1. Eles ficaram empolgados.
2. **Eles ficaram com medo.**
3. Eles ficaram felizes.

3 **Quantos soldados de israel morreram na batalha depois que eles trouxeram a arca para o acampamento? (4:10)**

1. **30.000**
2. 20.000
3. 10.000

4 **Quem morreu na batalha quando os filisteus capturaram a arca de Deus? (4:11)**

1. Samuel e Eli
2. **Hofni e Finéias**
3. Samuel e Ana

5 **O que aconteceu quando Eli descobriu que os filisteus capturaram a arca? (4:18)**

1. **Ele morreu.**
2. Ele orou.
3. Ele chorou de soluçar.

6 Quantos anos Eli tinha quando ele morreu? (4:14-15, 18)

    1. **98 anos de idade**

    2. 88 anos de idade

    3. 108 anos de idade

7 O que aconteceu quando a mulher de Finéias ouviu as más notícias sobre a batalha com os filisteus? (4:19-20)

    1. Ela entrou em trabalho de parto e deu à luz.

    2. Ela morreu.

    3. **As duas respostas estão corretas.**

8 Que nome a mulher de Finéias deu ao seu filho? (4:21)

    1. Finéias

    2. **Icabode**

    3. Samuel

9 Onde os filisteus colocaram a arca depois que a capturaram? (5:2)

    1. Em Ebenézer

    2. Ao lado o acampamento deles

    3. **Ao lado de Dagom, no templo de Dagom**

10 O que as pessoas de Asdode viram logo pela manhã depois que eles colocaram a arca no templo de Dagom? (5:3)

    1. **Dagom caiu, rosto em terra, diante da arca do Senhor.**

    2. A arca caiu.

    3. As duas respostas estão corretas.

PERGUNTAS PARA COMPETIÇÃO
(NÍVEL AVANÇADO)

Para preparar as crianças para a competição, leia 1 Samuel 4:1—5:12 para elas.

1 Depois que os filisteus derrotaram os israelitas, o que os soldados de Israel decidiram fazer com a arca? (4:2-3)

    1. Eles a enviaram para Efraim.

    2. Eles a entregaram para os filisteus.

    3. Eles oraram a Deus para saber o que fazer com ela.

    4. **Elas a trouxeram de Siló para o acampamento.**

2 O que aconteceu quando os israelitas trouxeram a arca para o acampamento israelita? (4:5)

    1. **Todos os israelitas gritaram tão alto que o chão estremeceu.**

    2. Uma grande tempestade atingiu o acampamento.

    3. Todo o Israel ficou com medo.

    4. Todas as opções acima.

3 O que os filisteus tomaram na batalha depois que os Israelitas trouxeram a arca para o seu acampamento? (4:11)

    1. Todos os recursos dos Israelitas

    2. Todas as tendas dos Israelitas

    3. **A arca de Deus**

    4. Todas as opções acima.

4 Como 1 Samuel descreve o soldado benjamita que veio a Siló para contar que os filisteus haviam capturado a arca? (4:12-13)

1. Ele sofreu um acidente.
2. Seu rosto estava sujo e ele não tinha sapatos.
3. **Suas roupas estavam rasgadas e ele tinha terra na cabeça.**
4. Todas as opções acima.

5 Como o povo de Siló reagiu quando eles ouviram o que aconteceu na batalha com os filisteus? (4:13)

1. Eles se alegraram.
2. Eles brindaram.
3. **Eles começaram a gritar.**
4. Eles ficaram em silêncio.

6 O que o soldado benjamita contou para Eli? (4:17)

1. Houve uma grande matança entre os soldados.
2. Hofni e Finéias estão mortos.
3. Os filisteus tomaram a arca de Deus.
4. **Todas as opções acima.**

7 Como Eli reagiu quando ele ouviu que os filisteus tomaram a arca de Deus? (4:17-18)

1. Ele caiu da cadeira para trás.
2. Ele quebrou o pescoço.
3. Ele morreu.
4. **Todas as opções acima.**

8 O que os homens de Asdode disseram quando o Senhor os afligiu com tumores? (5:6-7)

1. "Vamos derrotar os israelitas novamente."
2. "Não temos certeza sobre o que faremos com a arca."
3. **"A arca do deus de Israel não deve ficar aqui conosco."**
4. Todas as opções acima.

9 O que aconteceu depois que os filisteus levaram a arca para Gate? (5:9)

1. As pessoas de Gate se alegraram.
2. **As pessoas de Gate foram afligidas com tumores.**
3. Todas as pessoas de Gate morreram.
4. Todas as opções acima.

10 Complete o versículo: "Não há ninguém santo como o Senhor; . . ." (1 Samuel 2:2)

1. ". . . não há nada que pode ir contra ti."
2. ". . . sua presença traz luz; sua palavra traz justiça."
3. ". . . não há Deus além de ti; não há ninguém como o nosso Deus."
4. **". . . não há outro além de ti; não há rocha alguma como o nosso Deus."**

1 Samuel 6:1—7:1

Versículo para Memorização

"Teus caminhos, ó Deus, são santos. Que deus é tão grande como o nosso Deus?"
(Salmo 77:13)

Verdade Bíblica

Deus quer que todas as pessoas saibam que Ele é santo e que elas O respeitem.

Foco

Nesse estudo, as crianças aprenderão que Deus é santo e que Ele quer que todos O respeitem em todo o tempo.

Dica de Ensino

Informe as crianças que os 70 homens que morreram cometeram um grande erro. Eles mostraram grande desrespeito para com a arca e para com Deus. Conforte as crianças afirmando que Deus não os matará por cometer um pecado.

COMENTÁRIO BÍBLICO

Leia 1 Samuel 6:1—7:1. Quando os filisteus capturaram a arca da Aliança, eles acreditaram que seu deus, Dagom, havia derrotado ao Senhor. Depois de sete meses de pragas, os filisteus admitiram que eles estavam errados. Os filisteus chamaram seus sacerdotes e perguntaram como poderiam mandar a arca de volta ao Deus dos israelitas.

Os sacerdotes filisteus decidiram colocar tumores e ratos de ouro para mandar de volta com a arca. Eles forçaram duas vacas que tinham dado cria recentemente para puxar a arca em um carroça. Vacas com bezerros recém-nascidos geralmente não os abandonam. Quando as vacas deixaram seus filhotes e retornaram com a arca para Israel, ficou provado que o Senhor havia planejado as pragas.

O povo de Israel estava feliz pois os filisteus devolveram a arca. Alguns dos israelitas desonraram a Deus quando eles olharam para dentro da arca. Deus fez com que 70 homens morressem ali. Os israelitas aprenderam que Deus é santo e que eles devem honrá-Lo.

Os filisteus capturaram a arca, mas Deus não é fraco. Ele permitiu que os filisteus a capturassem, porque os israelitas não honraram a presença de Deus. A presença e o poder de Deus chegam para aqueles que honram a Ele e a Sua aliança. Aqueles que rejeitam ou desonram a Deus não receberão Suas bênçãos.

CARACTERÍSTICAS DE DEUS

+ Deus é santo e Ele quer que as pessoas O respeitem.
+ Deus merece o nosso louvor.

PALAVRAS DA NOSSA FÉ

Ser santo é ser perfeito, completo e puro. Também significa ser separado para ser usado exclusivamente por Deus. Deus é santo. Ele é diferente dos outros seres e tudo sobre Ele é bom e perfeito.

PESSOAS

Adivinhos são pessoas que tentam obter direção de um deus pagão.

Abinadabe era um homem da tribo de Judá. Ele guardou a arca em sua casa depois que os filisteus a devolveram.

LUGARES

Bete-Semes era uma cidade israelita perto da fronteira com os filisteus.

Quiriate-Jearim era uma cidade há quase oito milhas de Jerusalém.

COISAS

Oferta pela culpa era uma oferta que as pessoas davam quando pecavam. Uma pessoa admitia seus pecados quando ela entregava uma oferta pela culpa.

Um jugo é um objeto que junta dois animais para que eles possam trabalhar juntos para puxar uma carroça ou um arado.

ATIVIDADE

Você precisará dos seguintes itens para essa atividade.

+ Uma caixa pequena
+ Alguns docinhos ou frutas

Antes das crianças chegarem, coloque uma cadeira no centro da sala. Coloque as demais cadeiras enfileiradas atrás da cadeira do centro. A cadeira do centro deverá ficar virada de costas para a fileira.

Escolha uma criança para sentar na cadeira do centro da sala. Coloque uma pequena caixa com um docinho dentro, atrás da criança. Explique as seguintes regras:

1. Peça para a criança que está na cadeira central fechar seus olhos.
2. Depois, aponte para outra criança no grupo para pegar a caixa e escondê-la em silêncio.
3. Peça para a criança na cadeira central abrir seus olhos e tentar descobrir quem pegou a caixa.
4. Se a criança acertar, ela recebe o docinho da caixa. Se ela errar, a criança que pegou a caixa ganha o doce.
5. Depois, escolha outra criança para sentar na cadeira central. Continue brincando até que todas as crianças tenham tido a oportunidade de ganhar um doce ou fruta.

Diga: **Como você se sentiu quando alguém pegou a caixa de você? Como você se sentiu quando finalmente ganhou um doce ou uma fruta? Hoje vamos aprender sobre o que aconteceu quando alguém devolveu algo muito especial ao povo de Deus.**

LIÇÃO BÍBLICA

Prepare a história a seguir, adaptada de 1 Samuel 6:1—7:1, antes de contá-la para as crianças.

Os filisteus ficaram com a arca do Senhor por sete meses. Eles reconheceram que estavam agindo errado. Eles queriam enviar a melhor oferta pela culpa para compensar por seus pecados e agradar a Deus. Eles pediram aos seus sacerdotes e adivinhos lhes dissessem como poderiam mandar a arca de volta para os israelitas. Os filisteus queriam devolver a arca, mas eles não sabiam como fazer isso. Os sacerdotes e adivinhos disseram aos filisteus para enviarem a arca com uma oferta pela culpa para o Senhor. Então, Deus curaria os filisteus.

Os sacerdotes e adivinhos disseram: "Mandem cinco ratos de ouro e cinco tumores

de ouro como oferta pela culpa. Os ratos e tumores indicavam a intenção dos filisteus de mandarem de volta as pragas que Deus havia posto neles. Os cinco ratos e cinco tumores simbolizavam as cinco cidades dos filisteus. Os filisteus fizeram os ratos e os tumores de ouro para mostrar que os filisteus respeitavam a Deus.

Então, os sacerdotes e adivinhos disseram: "Por que ter o coração obstinado como os egípcios e faraó?" Quando Deus foi duro com os egípcios, eles deixaram os israelitas irem.

"Preparem uma carroça nova, com duas vacas que deram cria e sobre as quais nunca foi colocado jugo. Amarrem-nas à carroça, mas afastem delas os seus bezerros e ponham-nos no curral. Coloquem a arca do Senhor sobre a carroça e ponham numa caixa ao lado os objetos de ouro que vocês estão mandando.

Quando os filisteus mandaram a arca de volta, eles testaram a Deus para verificar se as pragas eram uma simples coincidência. Os sacerdotes e adivinhos disseram: "Enviem a carroça, e fiquem observando. Se ela for para o seu próprio território, na direção de Bete-Semes, então foi o Senhor que trouxe essa grande desgraça para nós. Se a carroça não for para Bete-Semes, então não foi o Senhor que nos atingiu, mas aconteceu por acaso".

Os filisteus fizeram tudo o que os sacerdotes e adivinhos disseram. As vacas foram direto para Bete-Semes. O instinto maternal das vacas as leva de volta para seus bezerros. Entretanto, essas vacas não se desviaram de seu caminho em direção a Bete-Semes. Os dirigentes e os filisteus seguiram a

carroça e reconheceram que foi Deus quem enviou as pragas.

Quando as pessoas de Bete-Semes viram a arca, elas se alegraram. Elas cortaram a madeira da carroça e sacrificaram as vacas como oferta queimada ao Senhor. Já que a carroça e as vacas tocaram a arca e estiveram na presença de Deus, os israelitas as usaram para as ofertas queimadas.

Os levitas colocaram a arca e a caixa com objetos de ouro em uma grande rocha. As pessoas ofereceram ofertas queimadas e fizeram sacrifícios ao Senhor. Mas Deus não queria que todos vissem a arca. Ele deu instruções de que somente os sacerdotes tinham permissão de vê-la. Os israelitas mostraram desrespeito por Deus quando eles colocaram a arca em uma montanha alta para todos verem.

Os governantes dos filisteus viram isso e voltaram para Ecrom. Os cinco tumores e cinco ratos representaram as cinco cidades dos filisteus e cinco governantes que lideravam.

Deus fez com que setenta homens de Bete-Semes morressem porque eles olharam para dentro da arca do Senhor. As pessoas choraram. A santidade de Deus é coisa séria. A arca simbolizava a presença de Deus e Deus não permitia que ninguém chegasse perto nem tocasse na arca.

Os homens de Bete-Semes perguntaram: "Quem pode permanecer na presença do Senhor, esse Deus santo?" Depois eles enviaram mensageiros ao povo de Quiriate-Jearim. Os mensageiros disseram: "Os filisteus devolveram a arca do Senhor. Venham e levem-na para vocês". Os homens de Quiriate-Jearim levaram a arca para a casa de

Abinadabe. Eles consagraram seu filho Eleazar para guardá-la.

Anime as crianças a responderem as seguintes perguntas. Não há respostas certas ou erradas. Essas perguntas ajudarão as crianças a entenderem a história e a aplicarem em suas vidas.

1. **Por que os filisteus enviaram cinco ratos de ouro com a arca?**

2. **Por que os filisteus escolheram enviar duas vacas que nunca tinham colocado jugo para levar a carroça?**

3. **Por que os israelitas ficaram alegres quando viram a arca novamente?**

4. **Por que Deus causou a morte de 70 israelitas?**

5. **Você acha que os filisteus mostraram mais respeito a Deus do que os israelitas? Por que ou por que não?**

Os filisteus enviaram a arca da aliança para Israel. Alguns dos israelitas adoraram a Deus, mas 70 deles O desobedeceram quando olharam para dentro da arca. Aqueles 70 homens não obedeceram as leis de Deus para respeitarem a arca. Eles não honraram a Deus. Deus quer que O respeitemos e que obedeçamos o que Ele diz.

VERSÍCULO PARA MEMORIZAÇÃO

Pratique o versículo para memorização da lição. Você encontrará sugestões na página 139.

ATIVIDADES ADICIONAIS

Escolha alguma dessas opções para incrementar o estudo bíblico.

1. Escreva um diário da perspectiva dos governantes filisteus que seguiram as vacas que puxavam a arca. Pergunte: **Como vocês acham que eles se sentiram? O que vocês acham que eles pensaram sobre Deus?**

2. Diga: **Quando os filisteus mandaram de volta a arca dos israelitas, eles se alegraram. Entretanto, nem todos trataram a arca com o devido respeito. Quais são algumas maneiras pelas quais você pode mostrar respeito por Deus? Vamos fazer uma lista de maneiras pelas quais mostramos respeito por Deus.**

Se as crianças não pensarem em respostas, pergunte-as sobre maneiras que as pessoas não respeitam a Deus. Depois, peça que elas mudem as respostas negativas para uma forma positiva de mostrar respeito. Compare as listas e discuta as respostas. Faça uma lista de tudo ou escreva um pôster com as respostas. Pergunte: **Como podemos mostrar respeito por Deus? O que acontece quando não o fazemos?**

ANOTAÇÕES:

PERGUNTAS PARA COMPETIÇÃO
(NÍVEL BÁSICO)

Para preparar as crianças para a competição, leia para elas 1 Samuel 6:1—7:1.

1 O que os sacerdotes e os adivinhos falaram para os filisteus enviarem de volta com a arca? (6:3)

1. 300 vacas
2. Uma oferta pela culpa
3. Comida e água

2 O que significaria se a carroça com a arca fosse em direção a Bete-Semes? (6:9)

1. Que as desgraças aconteceram por acaso.
2. Que o Senhor trouxe as desgraças sobre os filisteus.
3. Que os israelitas trouxeram as desgraças.

3 Quantas vacas levaram a carroça com a arca nela? (6:10)

1. Uma
2. Duas
3. Três

4 Como as vacas puxaram a carroça para viajar para Bete-Semes? (6:12)

1. Mantiveram-se na estrada, não se desviaram nem para a direita nem para a esquerda.
2. Mugiram por todo o caminho.
3. As duas respostas estão corretas.

5 Como as pessoas de Bete-Semes reagiram quando a arca chegou diante deles? (6:13)

1. Eles se alegraram.
2. Eles se esconderam.
3. Eles correram de medo.

6 O que o povo de Bete-Semes fez com a carroça que carregava a arca? (6:14)

1. Eles a usaram para carregar seu trigo.
2. Eles cortaram sua madeira.
3. Eles a devolveram para os filisteus.

7 Onde os levitas colocaram a arca e a oferta pela culpa dos filisteus? (6:15)

1. Ao lado do Rio Jordão
2. No tabernáculo
3. Sobre uma grande rocha

8 Quantos homens morreram porque olharam dentro da arca? (6:19)

1. 70
2. 100
3. 20

9 Para a casa de quem os homens de Quiriate-Jearim levaram a arca? (7:1)

1. Casa de Abinadabe
2. Casa de Samuel
3. Casa de Mispá

10 Complete o versículo: "Teus caminhos, ó Deus, são santos. Que Deus é . . ." (Salmo 77:13)

1. ". . . tão santo como o nosso Deus?"
2. ". . . tão grande como o nosso Deus?"
3. ". . . que pode ir contra Ti?"

PERGUNTAS PARA COMPETIÇÃO
(NÍVEL AVANÇADO)

Para preparar as crianças para a competição, leia 1 Samuel 6:1—7:1 para elas.

1 O que os filisteus pediram aos sacerdotes e adivinhos depois que eles ficaram com a arca por sete meses? (6:2)

1. **"O que faremos com a arca do Senhor?"**
2. "Como ficamos com a arca do Senhor?"
3. "Como destruímos a arca do Senhor?"
4. "Como escondemos a arca do Senhor?"

2 Que oferta pela culpa os filisteus incluíram com a arca? (6:4)

1. Quatro gatos de prata
2. **Cinco tumores de ouro e cinco ratos de ouro**
3. Cinco gatos de ouro e cinco ratos de ouro
4. Cinco sementes de ouro

3 Que tipo de vaca puxou a carroça com a arca? (6:7)

1. Duas que não tinham filhotes
2. Quatro que nunca tiveram jugo
3. Três que nunca tiveram jugo
4. **Duas que tinham bezerros, mas nunca tiveram jugo**

4 Como os filisteus enviaram a oferta pela culpa? (6:8)

1. **Numa caixa ao lado da arca na carroça**
2. Na carroça sem caixa
3. Carregadas pelos governantes
4. Em cima da arca na carroça

5 O que significaria se a carroça fosse em direção a Bete-Semes? (6:9)

1. Que os tumores e as doenças tinham acontecido por acaso
2. **Que o Senhor havia trazido os tumores e as doenças dos filisteus**
3. Que os israelitas pecaram
4. Todas as opções acima.

6 O que o povo de Bete-Semes estava fazendo quando a carroça com a arca chegou? (6:13)

1. **Colhendo trigo**
2. Colhendo uvas
3. Desfrutando de um banquete
4. Dormindo

7 O que aconteceu com as vacas que puxaram a carroça? (6:14)

1. **As pessoas as sacrificaram como holocausto ao Senhor.**
2. Eles as devolveram aos filisteus.
3. Eles as devolveram ao dono.
4. Eles as deram para as viúvas de Bete-Semes.

8 Por que os filisteus deram cinco ratos de ouro ao Senhor como oferta pela culpa? (6:18)

1. A praga dos ratos havia infestado cinco cidades.
2. **Havia cinco cidades dos filisteus que pertenciam a cinco governantes.**
3. Somente cinco filisteus tiveram tumores.
4. Todas as opções acima.

9 Para onde os homens de Bete-Semes mandaram a arca? (6:20-21)

1. Casa de Obede-Edom
2. Jerusalém
3. Ebenézer
4. **Quiriate-Jearim**

10 Quem os homens de Quiriate-Jearim consagraram para guardar a arca? (7:1)

1. Samuel
2. Os filhos de Eli
3. **Eleazar**
4. Os homens de Bete-Semes

Versículo para Memorização

"Olhem para o Senhor e para a Sua força; busquem sempre a Sua face. Lembrem-se das maravilhas que Ele fez, dos Seus prodígios e das ordenanças que pronunciou" (1 Crônicas 16:11-12).

Verdade Bíblica

Deus nos permite fazer escolhas.

Foco

Nesse estudo, as crianças aprenderão que Deus nos dá liberdade para fazermos escolhas. Deus não força as pessoas a seguí-Lo. Deus quer que as pessoas escolham seguí-Lo e amá-Lo.

Dica de Ensino

Lembre as crianças de que o Senhor é fiel. Deus continuou com a Sua fidelidade aos israelitas apesar dos erros deles. Ele prometeu salvar os israelitas se eles O seguissem.

COMENTÁRIO BÍBLICO

Leia 1 Samuel 7:2 – 8:22.

Por vinte anos, Samuel liderou os israelitas. Eles pararam de adorar deuses estrangeiros e os israelitas estava adorando a Deus novamente.

Os filisteus atacaram os israelitas e os israelitas pediram para Samuel orar pedindo que Deus os resgatasse. O Senhor aceitou os atos de arrependimento e deu a vitória para os israelitas nessa batalha. Samuel construiu um altar para lembrar aos israelitas da fidelidade de Deus.

Samuel envelheceu e nomeou seus filhos, Joel e Abias, como líderes de Israel. Joel e Abias eram corruptos. Então, os israelitas pediram que Samuel escolhesse um rei. Esse pedido por um rei desagradou a Deus. Ele disse a Samuel que os israelitas rejeitaram a Deus como Seu rei.

Deus pediu que Samuel desse alguns avisos ao povo. Um rei exigiria muitas coisas dos israelitas. Um rei, eventualmente, escravizaria os israelitas. Chegaria o dia em que os israelitas lamentariam terem pedido um rei. Naquele dia, eles clamariam a Deus por alívio e Deus não os responderia.

Apesar dos avisos de Deus, os israelitas ainda queriam um rei. Deus disse para Samuel atender o pedido dos israelitas e dar a eles um rei.

CARACTERÍSTICAS DE DEUS

- Deus quer que seu povo se lembre do que Ele fez por eles.
- Deus nos dá liberdade para fazermos escolhas.

PESSOAS

As autoridades de Israel eram os homens que governavam em cada comunidade ou em cada tribo.

LUGARES

Mispá era uma cidade perto de Jerusalém. A palavra Mispá significa "Torre de Vigia".

Ramá era o local onde nasceu e morava Samuel. Foi ali que os israelitas pediram um rei.

COISAS

Astarote era uma deusa pagã.

Baal era o nome de um deus pagão.

Holocausto é uma oferta que queima completamente o sacrifício. Ela demonstrava o arrependimento e a obediência dos israelitas.

A pedra de Ebenézer significa uma pedra de ajuda. Samuel colocou essa pedra entre Mispá e Sem.

ATIVIDADE

Antes das crianças chegarem, prepare um prato com fatias de fruta e um prato de doces.

Deixe cada criança escolher ou uma fatia de fruta ou um doce. Conversem sobre as vantagens e desvantagens de cada lanche.

Diga: **Se você escolheu o doce, você escolheu algo que terá um bom sabor por um momento. Entretanto, essa escolha pode não ser a melhor. O doce não lhe oferece tanta nutrição quanto a fruta.**

Os israelitas fizeram uma escolha. Deus lhes disse que um rei traria problemas para eles. Mas eles preferiram um instante de satisfação por ter um rei terreno do que confiar em Deus completamente. Mesmo Deus sabendo o que era melhor para os israelitas, Ele lhes deu o que pediram. A escolha deles trouxe muitas consequências.

LIÇÃO BÍBLICA

Prepare a história a seguir, adaptada de 1 Samuel 7:2—8:22, antes de contá-la as crianças.

Samuel disse para os israelitas: "Livrem-se de todos os deuses estrangeiros e façam um compromisso com o Senhor. Se vocês se consagrarem ao Senhor e prestarem culto somente a Ele, Ele os libertará das mãos dos filisteus". Os israelitas destruíram suas imagens de Baal e Astarote e serviram ao Senhor.

Os israelitas viajaram para Mispá. Ali eles confessaram seus pecados ao Senhor. Quando os filisteus ouviram que os israelitas estavam em Mispá, os governantes dos filisteus vieram para atacar os israelitas. Quando os israelitas ouviram sobre o ataque, eles sentiram medo. Samuel ofereceu um holocausto ao Senhor e clamou a Deus por Israel. O Senhor ouviu o clamor de Samuel.

Quando os filisteus se aproximaram dos israelitas, o Senhor "trovejou com fortíssimo estrondo" contra os filisteus e eles ficaram em pânico. Os israelitas saíram de Mispá e mataram os filisteus.

Samuel ergueu uma pedra entre Mispá e Sem. Ele chamou a pedra de Ebenézer. Samuel disse: "Até aqui o Senhor nos ajudou". Esse lugar lembrava aos israelitas da habilidade que Deus lhes havia dado.

Por toda a vida de Samuel, Deus ajudou os Israelitas a lutarem contra os filisteus. Samuel viajou por Israel e foi o juiz de Israel por toda a sua vida. Mesmo viajando com frequência, ele sempre voltava a Ramá, sua cidade natal. Ali, Samuel julgava Israel e ele construiu um altar ao Senhor.

Quando Samuel envelheceu, ele nomeou seus filhos como juízes de Israel. Seus filhos, Joel e Abias, eram desonestos e aceitavam suborno. Todos os líderes vieram a Samuel

em Ramá e lhe disseram: "Você está velho e seus filhos não obedecem a Deus. Escolha um rei para nos liderar como as outras nações".

Quando Samuel orou por isso, Deus ficou decepcionado. Entretanto, ele falou para Samuel atender o povo. O Senhor disse a Samuel que o povo não estava rejeitando Samuel. Eles rejeitaram ao Senhor como seu rei. O Senhor pediu para Samuel lhes alertar solenemente e lhes dizer o que um rei faria.

Samuel disse aos israelitas o que o Senhor lhe disse. Ele lhes contou que um rei forçaria seus filhos a servirem a ele como comandantes. O rei forçaria os homens a fazerem armas. O rei pegaria um décimo de seus cereais, das vinhas e dos rebanhos. O rei forçaria as pessoas a serem seus escravos. As pessoas clamariam a Deus por causa do rei, mas Deus não responderia ao clamor deles.

Ainda assim, o povo queria um rei como as outras nações. Eles queriam um rei para liderá-los e para lutar suas batalhas.

Samuel disse ao Senhor o que o povo havia dito. O Senhor disse para Samuel lhes dar um rei. Deus permitiu que os israelitas fizessem uma escolha, mesmo sabendo que eles estavam escolhendo errado.

Anime as crianças a responderem as seguintes perguntas. Não há respostas certas ou erradas. Essas perguntas ajudarão as crianças a entenderem a história e a aplicarem em suas vidas.

1. Como a pedra de Ebenézer ajudaria aos israelitas lembrarem da fidelidade de Deus?

2. Por que os israelitas pediram um rei? Por que Deus ficou bravo com o pedido deles?

3. Imagine que você fosse um israelita. Você ouviu a advertência de Samuel sobre ter um rei. Você iria querer um rei? Por que sim ou por que não?

4. Como o versículo para memorização de hoje, I Crônicas 16:11-12, se relaciona com essa história e com a sua vida?

Diga: Que tipo de escolhas você tem que fazer? Algumas escolhas são fáceis; outras são difíceis. Os israelitas fizeram uma escolha. Eles escolheram servir a um rei ao invés de servir a Deus. Deus não estava feliz com a decisão deles. Entretanto, Deus permitiu que os israelitas tivessem um rei.

Deus lhe dá liberdade para fazer escolhas. Deus não lhe força a seguí-Lo. Deus quer que você escolha seguí-Lo e amá-Lo.

VERSÍCULO PARA MEMORIZAÇÃO

Pratique o versículo para memorização da lição. Você encontrará sugestões na página 139.

ATIVIDADES ADICIONAIS

Escolha alguma dessas opções para incrementar o estudo bíblico.

1. Leia 1 Samuel 7:3. Pergunte: Quais são alguns dos objetos ou pessoas que são ídolos na vida de uma criança? O que as crianças precisam remover de suas vidas para servirem ao Senhor de coração inteiro?

2. Leia 1 Samuel 8:19-20. Pergunte: Por que os israelitas queriam um rei? Qual era a motivação real para as suas demandas por um rei? Por que o argumento dos israelitas era um argumento fraco?

PERGUNTAS PARA COMPETIÇÃO
(NÍVEL BÁSICO)

Para preparar as crianças para competição, leia para elas 1 Samuel 7:2-8:22.

1 Por que os israelitas se reuniram em Mispá? (7:6)

1. Para jejuar.
2. Para confessar seu pecado a Deus.
3. **As duas respostas estão corretas.**

2 Como os governantes filisteus reagiram quando eles ouviram que Israel estava reunido em Mispá? (7:7)

1. Eles roubaram a arca dos israelitas.
2. **Eles vieram para Mispá para atacar os israelitas.**
3. As duas respostas estão corretas.

3 Qual é o nome da pedra que Samuel ergueu entre Mispá e Sem? (7:12)

1. **Ebenézer**
2. Alabastro
3. Mispá

4 Quais eram os nomes dos filhos de Samuel? (8:2)

1. Hofni e Fineias
2. **Joel e Abias**
3. Elcana e Eli

5 Qual desses pecados os filhos de Samuel cometeram? (8:3)

1. **Eles aceitavam suborno.**
2. Eles mataram um homem.
3. Eles roubaram alguns pássaros.

6 Quem o povo de Israel rejeitou como seu rei? (8:7)

1. Samuel
2. **O Senhor**
3. Eli

7 O que Samuel disse que o rei de Israel faria com os seus filhos? (8:12)

1. Comandantes
2. Fabricantes de armas
3. **As duas respostas estão corretas**

8 Do que Samuel disse que o rei de Israel tomaria a décima parte? (8:15, 17)

1. **Dos seus cereais, uvas e rebanhos**
2. Do seu dinheiro
3. As duas respostas estão corretas.

9 O que o Senhor disse para Samuel sobre dar um rei para Israel? (8:22)

1. **"Atenda-os e lhes dê um rei."**
2. "Não lhes dê um rei."
3. "Nomeie seu filho como rei."

10 Complete esse versículo: "Olhem para o Senhor e para a Sua força; busquem sempre a Sua face. Lembrem-se das maravilhas que Ele fez, . . ." (1 Crônicas 16:11-12)

1. **". . . dos Seus prodígios e das ordenanças que pronunciou".**
2. ". . . Suas misericórdias e as leis que Ele decretou".
3. ". . . Seu amor e as batalhas que Ele lutou".

PERGUNTAS PARA COMPETIÇÃO
(NÍVEL AVANÇADO)

Para preparar as crianças para a competição, leia 1 Samuel 7:2—8:22 para elas.

1 O que Samuel disse para o povo de Israel fazer para se voltarem ao Senhor de todo o coração? (7:3)

1. Livrarem-se dos deuses estrangeiros e de Astarote.
2. Consagrem-se ao Senhor.
3. Prestem culto somente ao Senhor.
4. **Todas as opções acima.**

2 Como o Senhor reagiu quando Samuel pediu em nome de Israel? (7:9)

1. O Senhor disse para Samuel não lhes ouvir.
2. O Senhor se recusou a respondê-lo.
3. **O Senhor lhe respondeu.**
4. O Senhor não fez nada.

3 Enquanto Samuel oferecia o holocausto, os filisteus se aproximaram para combater Israel. O que o Senhor fez? (7:10)

1. Ele "trovejou com fortíssimo estrondo contra os filisteus."
2. Ele "colocou os filisteus em pânico.
3. Eles "fez os filisteus serem derrotados por Israel."
4. **Todas as opções acima.**

4 O que aconteceu com os filisteus durante a vida de Samuel? (7:13)

1. O Senhor os salvou.
2. A mão do Senhor era com eles.
3. O Senhor lhes ajudou a vencerem.
4. **A mão do Senhor esteve contra eles.**

5 Por quanto tempo Samuel continuou a julgar Israel? (7:15)

1. Por alguns anos mais
2. **Durante todos os dias de sua vida**
3. Por alguns dias mais
4. Por alguns meses mais

6 Por que Samuel retornou a Ramá, sua cidade Natal? (7:17)

1. Porque sua casa ficava ali.
2. Ele liderava Israel ali.
3. Ele construiu um altar para o Senhor ali.
4. **Todas as opções acima.**

7 Quem Samuel nomeou como líderes quando ele envelheceu? (8:1)

1. Saul e Davi
2. Seus irmãos
3. **Seus filhos**
4. Seus pais

8 O que Deus quis que Samuel falasse para os israelitas depois que eles pediram um rei? (8:9)

1. Como ser legal com um rei
2. **O que o rei faria com eles**
3. Quem o rei seria
4. Todas as opções acima.

9 O que as pessoas disseram quando Samuel lhes alertou sobre o rei? (8:19)

1. "Não queremos que você nos lidere mais".
2. "Queremos eleger um rei".
3. **"Queremos ter um rei".**
4. "Queremos que você nos lidere".

10 Por que o povo de Israel queria um rei? (8:20)

1. Eles seriam como as outras nações.
2. Um rei os governaria.
3. O rei sairia à frente deles para combater suas batalhas.
4. **Todas as opções acima.**

Versículo para Memorização

"Pois Deus é o rei de toda a terra; cantem louvores com harmonia e arte" (Salmo 47:7).

Verdade Bíblica

Deus trabalha com o seu povo mesmo quando eles fazem uma má escolha.

Foco

Nesse estudo, as crianças aprenderão que Deus permite que o Seu povo conheça a Sua vontade. Ele ajuda o Seu povo mesmo quando eles fazem uma má escolha.

Dica de Ensino

Lembre aos alunos que Deus continuou a trabalhar com os israelitas. Ele não concordava com a escolha deles de ter um rei, mas Ele permitiu que o tivessem. Deus nos dá liberdade para fazermos escolhas que podem ser certas ou erradas.

ESTUDO 6

1 Samuel 9:1—10:1, 17-24

COMENTÁRIO BÍBLICO

Leia 1 Samuel 9:1—10:1, 17-24. Um homem chamado Quis enviou seu filho, Saul, para encontrar algumas jumentas perdidas. Saul e o servo de seu pai foram para a cidade de Zufe, onde Samuel morava.

No dia anterior, Deus disse a Samuel que um homem da tribo de Benjamim viria a Zufe. Deus pediu para Samuel ungir esse homem como líder dos israelitas. Seu nome era Saul.

Samuel convocou os israelitas e dirigiu o processo de escolha para revelar o rei que Deus havia escolhido para os israelitas. A escolha caiu sobre Saul. Isso mostrava aos israelitas que Deus havia indicado a Saul para ser rei. Saul se sentiu sobrecarregado com o que estava acontecendo e ele se escondeu dos israelitas. Quando eles encontraram Saul, ele veio diante do povo. Os israelitas vibraram com Saul como seu rei.

Mais tarde, a escolha dos israelitas de terem um rei vai dificultar muito a vida deles. Entretanto, Saul ajudou os israelitas a começarem suas vidas sob a liderança de um rei.

CARACTERÍSTICAS DE DEUS

- Deus continua a ajudar seu povo, mesmo quando eles fazem uma má escolha.
- Deus nos ajuda a conhecer a Sua vontade.

PALAVRAS DA NOSSA FÉ

Ungir significa derramar óleo sobre a cabeça de alguém. Reis, sacerdotes e profetas recebiam esse ato de consagração e bênção. Esse ato mostrava que Deus havia escolhido a pessoa para fazer algo importante para ele.

PESSOAS

Quis era pai de Saul.

Saul foi o primeiro rei de Israel.

Um vidente era um profeta. Um vidente recebia mensagens de Deus através de sonhos ou visões.

COISAS

Os mais altos batiam nos seus ombros significa que Saul era mais alto que os outros israelitas e ele parecia com um rei.

Um siclo era a unidade de medida de peso no original de 1 Sm 9:8. Um siclo equivalia a 12 gramas.

Um jarro era um cantil com uma abertura pequena. Ele armazenava líquidos.

Tirar a sorte significa usar pequenas pedras ou outros objetos para escolher a direção a seguir. Em algumas versões bíblicas, essa é a expressão usada na escolha de Saul. Muitas culturas usavam esse método para determinar a vontade dos deuses. Os israelitas usavam esse método para tentar determinar a vontade de Deus.

ATIVIDADE

Você precisará dos seguintes itens para essa atividade.

+ 5 folhas de papel
+ Uma tesoura
+ Uma canetinha
+ Uma coroa de papel

Antes das crianças chegarem, corte cada folha em quatro. Use uma parte do papel para escrever cada palavra do versículo e uma parte para a referência. Substitua as seguintes palavras por símbolos: Rei (uma foto/desenho de uma coroa); terra (uma foto/desenho da terra); e cantem (um desenho de notas musicais). Misture as folhas de papel para que as palavras do versículo não estejam na ordem correta.

Para começar, distribua os cartões do versículo para memorização para as crianças. As crianças podem segurar mais de um cartão. Se cada criança tiver um cartão, peça para que elas se organizem na ordem correta do versículo. (Se você tiver menos crianças, peça para que elas arrumem os cartões na ordem correta, ou em uma mesa ou no chão.) Depois, diga para elas falarem o versículo usando os cartões para ajudá-las. Peça para a classe dizer o versículo inteiro novamente, mas tire os cartões com palavras. As crianças poderão usar os três cartões com os símbolos.

Dê uma coroa para a criança que tiver o cartão com o símbolo do rei usar. Peça para essa criança lhe ajudar com as tarefas durante o estudo. Diga: **Você é o rei do dia. Você aprenderá sobre um homem que se tornou rei.**

LIÇÃO BÍBLICA

Prepare a história a seguir, adaptada de 1 Samuel 9:1—10:1, 17-24, antes de contá-la para as crianças.

Quis, um homem da tribo de Benjamim, tinha um filho chamado Saul. Saul era um jovem que chamava a atenção. Ele era mais alto que os outros jovens. Quando as jumentas de Quis se perderam, ele pediu que Saul levasse um servo com ele para encontrar as jumentas. Eles procuraram pela terra por vários dias. Finalmente eles chegaram ao distrito de Zufe. Saul falou ao servo que eles deveriam voltar para que seu pai não ficasse preocupado.

O servo disse a Saul: "Nesta cidade tem um homem de Deus. Talvez ele nos diga onde devemos ir para encontrar as jumentas."

Saul disse: "É costume dar algum presente ao homem de Deus. Não temos mais comida. O que temos?"

O servo respondeu: "Eu tenho três gramas de prata. Darei isto para o homem de Deus para que ele nos aponte o caminho a seguir."

Quando Saul e seu servo entraram na cidade, Samuel veio ao encontro deles a caminho do monte do altar para oferecer o sacrifício.

No dia anterior o Senhor havia revelado a Samuel: "Amanhã, por volta dessa hora, enviarei a você um homem da terra de Benjamim. Unja-o como líder sobre o meu povo."

Quando Samuel olhou para Saul, o Senhor disse para Samuel: "Este é o homem de quem lhe falei."

Saul perguntou a Samuel, "Onde é a casa do vidente?"

Samuel disse: Eu sou o vidente. Vá na minha frente para o altar, pois hoje você comerá comigo. Não se preocupe com as jumentas. Já foram encontradas. Agora, tudo o que é precioso em Israel pertencerá a você e a toda a família de seu pai."

Saul disse: "Eu sou da menor das tribos de Israel, a tribo de Benjamim. O meu clã é o mais insignificante de todos os clãs da tribo de Benjamim. Por que estás me dizendo tudo isso?"

Então, Samuel levou Saul e seu servo para a sala. Samuel deu o melhor assento na mesa para eles. No jantar, Samuel deu a Saul os melhores pedaços de carne. Ele comeu como um rei.

Na manhã seguinte, Samuel falou com Saul em particular. Samuel ungiu Saul como rei para liderar o povo de Deus. Samuel apanhou um jarro de óleo, derramou-o sobre a cabeça de Saul e o beijou. Samuel disse: "O Senhor o ungiu como líder da herança Dele."

Depois, Samuel convocou os Israelitas em Mispá para escolher um rei. Samuel disse: "O Senhor, o Deus e Israel, disse: 'Eu tirei Israel do Egito'. Entretanto, vocês rejeitaram a Deus e pediram um rei."

Samuel disse as pessoas para se organizarem por tribo e clã, e ele dirigiu a escolha. Samuel chamou a tribo de Benjamim. Depois ele chamou o clã de Saul. Finalmente, Deus escolheu Saul para ser o rei. Então, as pessoas procuraram Saul e não conseguiram encontrá-lo.

O Senhor disse: "Ele está escondido no meio da bagagem." Algumas pessoas correram para Saul e eles o trouxeram para que as demais pessoas o vissem.

Samuel disse: "Vocês vêem o homem que o Senhor escolheu? Não há ninguém como ele entre todo o povo."

Então as pessoas gritaram: "Viva o rei!"

Anime as crianças a responderem as seguintes perguntas. Não há respostas certas ou erradas. Essas perguntas ajudarão as crianças a entenderem a história e a aplicarem em suas vidas.

1. Em I Samuel 9:16, Deus disse para Samuel que no dia seguinte ele veria o homem que seria o rei dos israelitas. Como vocês acham que Samuel reagiu a mensagem de Deus de que ele encontraria o futuro rei? O que vocês fariam?

2. Qual foi a atitude de Samuel quando ele encontrou Saul? Vocês acham que ele pensou que Saul tinha capacidade para ser rei?

3. Como vocês acham que Saul se sentiu quando Samuel o ungiu como rei? Leia I Samuel 10:9. O que mudou a atitude de Saul em relação a sua escolha para ser rei?

4. O que vocês acham que as pessoas pensaram quando ouviram que seu futuro rei estava se escondendo?

Diga: **Às vezes, fazemos más escolhas. Às vezes, más escolhas têm resultados ruins. Os israelitas queriam seguir a um rei ao invés de seguir a Deus. Deus não gostou da escolha dos israelitas, mas lhes ajudou a encontrar um bom rei. Às vezes, Deus nos ajuda, mesmo quando fazemos más escolhas.**

VERSÍCULO PARA MEMORIZAÇÃO

Pratique o versículo para memorização da lição. Você encontrará sugestões na página 139.

ATIVIDADES ADICIONAIS

Escolha alguma dessas opções para incrementar o estudo bíblico.

1. Diga: **Deus chamou tanto a Saul quanto a Gideão para uma tarefa especial. Leia Juízes 6:1-40. Compare como Deus chamou Saul e como Deus chamou Gideão. Como cada homem respondeu ao chamado de Deus? Como suas respostas foram semelhantes ou como foram diferentes? Faça uma tabela com as suas descobertas. Pergunte: Como você acha que Deus se sentiu ao ouvir a resposta de cada um deles ao Seu chamado?**

2. Leia 1 Samuel 9:21. Diga: **Saul era da tribo de Benjamim. O que Saul quis dizer quando ele disse que era da menor tribo de Israel? Leia Juízes 20:46-48 para ter uma ideia.**

3. Pergunte: **Por que vocês acham que Deus escolheu Saul para ser o primeiro rei de Israel? Que tipo de rei você acha que Saul será?**

PERGUNTAS PARA COMPETIÇÃO
(NÍVEL BÁSICO)

Para preparar as crianças para a competição, leia para elas 1 Samuel 9:1—10:1, 17-24.

1 Como a Bíblia descreve Saul? (9:2)

  1. Os mais altos de Israel batiam nos seus ombros.
  2. Ele era muito bonito.
  3. As duas respostas estão corretas.

2 Quem Saul levou com ele para encontrar as jumentas de seu pai? (9:3)

  1. Davi
  2. O irmão de Saul
  3. Um servo

3 Quem que o servo de Saul sugeriu que eles fossem ver no distrito de Zufe? (9:6)

  1. Um homem de Deus
  2. A família de Saul
  3. As duas respostas estão corretas.

4 O que o servo de Saul planejou dar ao homem de Deus? (9:8)

  1. Um grama de ouro
  2. Três gramas de de prata
  3. Doze gramas de bronze

5 O que o Senhor disse a Samuel sobre Saul? (9:15-16)

  1. "Não unja esse homem como líder de Israel."
  2. "Unja-o como líder sobre Israel, o Meu povo."
  3. "Esse homem não seguirá os meus caminhos."

6 O que Samuel derrubou sobre a cabeça de Saul? (10:1)

1. Um jarro de óleo
2. Uma gota de água
3. Uma jarra de água

7 Como Samuel disse para o povo se apresentar perante o Senhor? (10:19)

1. Por família
2. Em grupos de 30
3. **De acordo com suas tribos e os seus clás**

8 Quem Deus escolheu para ser o primeiro rei de Israel? (10:21)

1. Salomão
2. **Saul**
3. Davi

9 Onde Saul se escondeu quando Deus o escolheu para ser o rei? (10:22)

1. Na casa de Samuel
2. Na casa de seu pai
3. **No meio da bagagem**

10 O que o povo disse quando Samuel anunciou Saul como o novo rei? (10:24)

1. "Queremos Davi como rei!"
2. **"Viva o rei!"**
3. "Náo o queremos como rei!"

PERGUNTAS PARA COMPETIÇÃO
(NÍVEL AVANÇADO)

Para preparar as crianças para a competição, leia 1 Samuel 9:1—10:1, 17-24 para elas.

1 Como o servo de Saul descreveu o homem de Deus? (9:6)

1. Ele é quieto e ora sempre.
2. Ele náo diz a verdade, mas o povo confia nele.
3. **Ele é muito respeitado. Tudo o que ele diz acontece.**
4. Ele é um homem alto e sempre dá conselhos.

2 O que Saul e seu servo perguntaram a umas jovens que estavam saindo para buscar água? (9:11)

1. **"O vidente está na cidade?"**
2. "Quem é o vidente?"
3. "Onde está o vidente?"
4. "Quando o vidente voltará?"

3 No banquete, por que as pessoas esperavam para comer até o profeta chegar? (9:13)

1. Era rude comer antes do profeta chegar.
2. Ele trazia toda a comida.
3. **Ele devia abençoar o sacrifício primeiro.**
4. Todas as opções acima.

4 Quando o Senhor falou com Samuel sobre Saul? (9:15)

1. Duas horas antes de Saul chegar
2. Na manhã que Saul chegou
3. Duas semanas antes de Saul chegar
4. **No dia anterior à chegada de Saul**

5 **Das mãos de quem Saul libertaria os israelitas? (9:16)**

1. Dos filisteus

2. Dos moabitas

3. Dos egípcios

4. Dos cananitas

6 **O que o Senhor disse a Samuel quando Samuel viu Saul? (9:17)**

1. "Este é o homem que Eu quero que você unja como sacerdote."

2. "Não deixe esse homem pecaminoso na cidade."

3. "Este é o homem de quem lhe falei; ele governará o Meu povo."

4. "Diga a este homem onde suas jumentas estão."

7 **No banquete, onde Samuel assentou Saul e seu servo? (9:22)**

1. No meio da mesa

2. Nos tronos

3. No lugar de honra entre os convidados

4. Perto da cozinha

8 **Quando as pessoas se reuniram em Mispá, o que Samuel lhes disse que o Senhor havia dito? (10:17-18)**

1. "Eu quero que vocês me sigam agora."

2. "Eu lhes ajudei no tempo de necessidade."

3. "Eu tirei Israel do Egito."

4. Todas as opções acima.

9 **O que Samuel disse às pessoas que eles fizeram com o Deus que os salvou? (10:19)**

1. Eles o seguiram.

2. Eles o rejeitaram.

3. Eles obedeceram suas regras.

4. Todas as opções acima.

10 **Complete o versículo: "Pois Deus é o rei de toda a terra; . . ." (Salmo 47:7)**

1. ". . . cantem louvores com harmonia e arte."

2. ". . . cantem louvores o dia inteiro."

3. ". . . dê a Ele sua canção de louvor."

4. ". . . adore Seu nome; proclame Sua glória."

Versículo para Memorização

"Somente temam o Senhor e sirvam-No fielmente de todo o coração; e considerem as grandes coisas que Ele tem feito por vocês" (1 Samuel 12:24).

Verdade Bíblica

Deus é fiel para com o Seu povo e exige obediência.

Foco

Nesse estudo, as crianças aprenderão que Deus é fiel para com o Seu povo. Em troca disso, Deus quer que sejamos fiéis para com Ele e que O obedeçamos.

Dica de Ensino

Diga as crianças que Saul revelou suas verdadeiras características através de suas ações. Em 1 Samuel 10:8, Samuel disse para Saul esperá-lo por sete dias. Mesmo assim, Saul não esperou Samuel o tempo suficiente. Saul era impaciente e estava com medo. Ele pensou que poderia fortalecer as chances de Israel ganhar a batalha oferecendo um sacrifício ao Senhor, mesmo que isso violasse o mandamento de Deus. Saul desobedeceu as instruções de Samuel e, assim, desobedeceu a Deus.

COMENTÁRIO BÍBLICO

Leia 1 Samuel 12:1—13:15. No capítulo 11, Saul levou os israelitas para a batalha e eles derrotaram os amonitas. Alguns dos israelitas duvidavam que Saul era o rei certo para eles. Essa vitória os convenceu de que Saul era a escolha de Deus para ser o rei deles.

Nesse estudo, Samuel falou aos israelitas. Ele perguntou se havia feito alguma coisa errada com eles. Os israelitas afirmaram que Samuel não os havia explorado nem oprimido.

Samuel lembrou os israelitas de tudo o que o Senhor fez por eles. Quando eles foram fiéis a Deus, Deus cuidou deles. Deus resgatou os israelitas de situações estressantes e os israelitas aprenderam que eles sempre podiam confiar em Deus.

Samuel lembrou os israelitas que Deus concordou em dar-lhes um rei. Os isralitas entenderam que o seu rei humano estava sob a autoridade de Deus, o verdadeiro Rei. Se os israelitas obedecessem a Deus, eles prosperariam. Se os israelitas não obedecessem a Deus, Ele os puniria. O povo prometeu ser fiel a Deus.

Na próxima batalha, Saul fracassou no teste de confiança e obediência. Ele queria que alguém oferecesse o holocausto. Entretanto, somente os sacerdotes podiam oferecer esses sacrifícios. Saul não esperou o suficiente para Samuel chegar. Ao invés disso, Saul ofereceu o sacrifício. Samuel disse a Saul que ele errou em não obedecer o mandamento de Deus. Porque Saul foi reprovado nesse teste, o Senhor estabeleceria uma linhagem diferente de reis para os israelitas.

CARACTERÍSTICAS DE DEUS

+ Deus quer que O obedeçamos.
+ Deus sempre é fiel.

PESSOAS

Moisés foi um servo de Deus que tirou os israelitas do Egito.

Arão era irmão de Moisés.

Jacó era filho de Isaque. Ele levou a sua família para morar no Egito depois que seu filho, José, tornou-se o líder daquele país.

O Rei de Moabe era o rei de uma nação de pessoas que viviam ao leste do Mar Morto.

Amonitas eram inimigos de Israel.

Jônatas era o filho de Saul.

LUGARES

Hazor era uma cidade ao norte do Mar da Galiléia. No livro de Juízes, os israelitas sofreram por causa dos exércitos de Hazor por 20 anos.

Micmás era uma cidade a onze quilômetros ao nordeste de Jerusalém.

Gibeá era uma cidade ao sul de Micmás.

Gilgal era o local onde Samuel ofereceu sacrifícios depois que Saul foi ungido rei.

ATIVIDADE

O professor fará o papel de "Samuel." Fique de pé de frente para os alunos. Diga: **Eu sou Samuel. Eu lhes darei instruções para fazerem várias coisas e eu quero que vocês me imitem. Escutem essas palavras: "Samuel diz". Imitem somente as ações que vierem depois das palavras "Samuel diz". Se eu disser: "Samuel diz: 'Levante a sua mão'",** então vocês imitam a minha ação levantando a sua mão. Se eu disser apenas: "Levante a sua mão", vocês não devem imitar a minha ação, porque eu não disse: "Samuel diz". Pratique algumas vezes para ter certeza de que as crianças entenderam como brincar esse jogo.

Use vários comandos e demonstre a ação. Algumas vezes, comece com: "Samuel diz".

Esses comandos podem incluir as seguintes ações: bata na sua cabeça, sorria, dê um tchau, flexione seus músculos, toque nos dedos do pé, vire, sente-se. Você pode adicionar seus próprios comandos para fazer o jogo mais longo.

Diga: **Nessa atividade, você ouviu o comando. Então você decidiu se ia imitar ou não a minha ação. O jogo lhe forçou a tomar decisões rápidas. No estudo de hoje, Saul teve que fazer uma escolha, mas a sua escolha era mais importante do que as do jogo que acabamos de fazer.**

LIÇÃO BÍBLICA

Prepare a história a seguir, adaptada de 1 Samuel 12:1—13:15, antes de contá-la para as crianças.

Os israelitas se reuniram em Gilgal para confirmar Saul como o rei deles. Samuel falou com as pessoas. Ele disse aos israelitas que ele ouviu a todos os pedidos deles. Eles tinham um rei sobre eles. Entretanto, Samuel agora estava velho e de cabelos brancos. Desde a sua juventude, ele serviu como o líder da nação. Ele pediu que os israelitas testemunhassem a sua fidelidade. Ele perguntou: "Se tomei um boi de alguém ou jumento de alguém, ou se explorei ou oprimi alguém, ou se da mão de alguém aceitei suborno... Se alguma dessas coisas pratiquei, eu farei restituição."

Os israelitas disseram a ele que ele não explorou nem oprimiu ninguém. Samuel não tirou coisa alguma das mãos de ninguém.

Então, Samuel lembrou ao povo dos atos justos realizados pelo Senhor para com eles e para com os seus antepassados. Aqui estão algumas formas pelas quais Deus ajudou o povo de Israel.

Depois que Jacó entrou no Egito, eles clamaram ao Senhor. O Senhor enviou Moisés e Arão para tirar o povo do Egito.

Entretanto, os israelitas esqueceram do Senhor. Então Ele permitiu que o exército de Hazor, os filisteus e o rei de Moabe lutassem contra eles. Quando os israelitas clamaram ao Senhor e pediram Sua ajuda, o Senhor lhes deu segurança.

Então, os israelitas pediram um rei para governá-los, mesmo que o Senhor fosse o rei deles. O Senhor permitiu que eles tivessem um rei.

Samuel avisou ao povo que Deus queria que eles O temessem, O servissem e O obedecessem. Deus exigia que os israelitas obedecessem os Seus mandamentos. Se o rei e o povo obedecessem ao Senhor, suas vidas seriam boas. Mas se eles não obedecessem ao Senhor, Ele demonstraria sua decepção com eles e com seus antepassados.

Era o tempo da colheita de trigo. Samuel pediu que o Senhor enviasse trovões e chuva para que o povo reconhecesse que eles fizeram o que o Senhor reprovava totalmente ao pedirem um rei.

O Senhor enviou os trovões e a chuva. O povo pediu que Samuel orasse ao Senhor por eles. Samuel disse ao povo para temer ao Senhor e serví-Lo fielmente.

Saul tinha trinta anos quando se tornou rei. Ele foi o rei de Israel por quarenta e dois anos. Saul escolheu três mil homens de Israel para servirem no exército de Israel. Dois mil ficaram com Saul e mil foram com Jônatas. Jônatas e seu exército atacaram os filisteus em Gibeá. Então, os filisteus se reuniram para lutar contra os israelitas. Os filisteus trouxeram três mil carros de guerra e "tantos soldados quanto a areia da praia" para lutarem contra Israel. Os filisteus acamparam em Micmás para esperarem os israelitas.

Quando os israelitas viram que sua situação era crítica e seu exército estava em perigo, eles se esconderam. Saul continuou em Gilgal e todas as tropas que estavam com ele ficaram com medo. Samuel disse para Saul esperar por ele para oferecer o holocauto. Saul esperou sete dias, mas Samuel não chegava em Gilgal e os homens de Saul começaram a se dispersar. Então, Saul ignorou as leis de Deus e ele ofereceu o sacrifício do holocausto. Ao terminar de fazê-lo, Samuel chegou.

"O que você fez?", perguntou Samuel. Saul respondeu que ele se sentiu obrigado a oferecer o holocausto.

Samuel disse a Saul que ele agiu como tolo. O reinado de Saul estava condenado, porque ele não obedeceu o comando do Senhor. O Senhor começou a buscar um homem diferente para ser rei, um homem segundo o Seu coração.

Então, Samuel deixou Gilgal. Saul contou e havia cerca de seiscentos soldados com ele.

Anime as crianças a responderem as seguintes perguntas. Não há respostas certas ou erradas. Essas perguntas ajudarão as crianças a entenderem a história e a aplicarem em suas vidas.

1. **Por que Samuel lembrou aos israelitas do que Deus havia feito para eles? De que forma(s) você pode lembrar o que Deus fez para você? Faça uma lista das formas pelas quais Deus tem ajudado as crianças de seu grupo.**

2. **Samuel pediu que o Senhor enviasse trovões e chuva, e Ele o fez. Era uma estação de seca. O que os trovões e a chuva revelaram aos israelitas?**

3. **Leia 1 Samuel 10:8 e depois 13:8-14. O que Saul fez de errado? Qual era a melhor coisa a fazer? Se você fosse Saul, o que você faria?**

4. **Como o versículo para memorização, 1 Samuel 12:24, se relaciona com essa história?**

Diga: **Se as pessoas são, você pode confiar nelas, porque elas guardam as promessas que fazem. Samuel lembrou os israelitas da fidelidade de Deus para com eles. Quais foram algumas maneiras pelas quais Deus foi fiel aos israelitas?**

De quais maneiras Deus tem ajudado você, a sua família e seus amigos? Deus é fiel com você e Ele quer que você seja fiel para com Ele. Somos fiéis a Deus quando O obedecemos. De que forma você pode ser fiel a Deus todo dia? Todo dia você tem escolhas para fazer. Escolha ser fiel a Deus e O obedeça!

VERSÍCULO PARA MEMORIZAÇÃO

Pratique o versículo para memorização da lição. Você encontrará sugestões na página 139.

ATIVIDADES ADICIONAIS

Escolha alguma dessas opções para incrementar o estudo bíblico.

1. Comece a fazer uma linha do tempo sobre a vida de Samuel. Inclua os eventos importantes da vida de Samuel dos capítulos 1 ao 13 de 1 Samuel. Como os eventos da vida de Samuel mostram devoção a Deus? O que você aprende sobre Samuel como juiz e profeta?

2. Leia 1 Samuel 10:8 e 13:7-13. **Quais foram as instruções de Samuel para Saul?** Pense nas situações onde é muito importante que uma pessoa siga as instruções, mesmo que a pessoa não as entenda por completo. **Quais são algumas instruções que Deus nos dá?**

ANOTAÇÕES:

PERGUNTAS PARA COMPETIÇÃO
(NÍVEL BÁSICO)

Para preparar as crianças para competição, leia para elas 1 Samuel 12:1—13:15.

1 Quem Samuel estabeleceu para liderar Israel? (12:1)

1. Um sacerdote
2. Um juiz
3. **Um rei**

2 Quem falou: "Se tomei um jumento de alguém, ou se explorei alguém"? (12:1, 3)

1. **Samuel**
2. Davi
3. Saul

3 Quem designou Moisés e Arão para serem líderes? (12:6)

1. Samuel
2. **O Senhor**
3. José

4 De quê Samuel lembrou os israelitas? (12:7)

1. **Dos atos justos realizados pelo Senhor**
2. Do tempo em que as famílias deles estiveram no Egito
3. Do que Moisés e Arão lhes ensinaram

5 Quantos anos Saul tinha quando se tornou rei? (13:1)

1. **30**
2. 20
3. 40

6 Quando os homens de Israel se esconderam dos filisteus? (13:6)

1. Quando eles "viram que a situação deles era difícil"
2. Quando "o seu exército estava sendo muito pressionado"
3. **As duas respostas estão corretas.**

7 Como alguns homens do exército de Saul reagiram quando Samuel não chegou em Gilgal na hora? (13:8)

1. Eles começaram a lutar contra os filisteus.
2. **Eles começaram a se dispersar.**
3. Eles ficaram com Saul.

8 O que aconteceu assim que Saul terminou de oferecer o holocausto? (13:10)

1. Os filisteus o atacaram.
2. **Samuel chegou.**
3. As trevas encheram o acampamento.

9 Por que Samuel disse a Saul que o seu reino não permaneceria? (13:14)

1. Pois ele perdeu muitas batalhas.
2. **Pois ele desobedeceu o mandamento do Senhor.**
3. Pois ele era velho.

10 Complete o versículo: "Somente temam o Senhor e sirvam-No fielmente de todo o coração; . . .'" (1 Samuel 12:24)

1. ". . . lembrem sempre Dele."
2. ". . . adorem o Seu nome da manhã até a noite."
3. **". . . e considerem as grandes coisas que Ele tem feito por vocês."**

PERGUNTAS PARA COMPETIÇÃO
(NÍVEL AVANÇADO)

Para preparar as crianças para a competição, leia 1 Samuel 12:1—13:15 para elas.

1 **Quando Samuel começou a governar Israel? (12:2)**

1. Quando seus filhos nasceram
2. **Na sua juventude**
3. Quando ele ficou adulto
4. Quando ele fez 30 anos

2 **O que o povo disse a Samuel quando ele perguntou se os havia explorado, oprimido ou aceitado suborno? (12:3-4)**

1. **"Tu não nos exploraste nem nos oprimiste".**
2. "Você tomou a nossa comida sem pedir".
3. "Você não deveria ser perdoado pelos pecados dos filhos de Eli".
4. Todas as opções acima.

3 **Durante seu discurso de despedida, o que Samuel disse para os israelitas fazerem? (12:14)**

1. Temer ao Senhor
2. Servir ao Senhor fielmente
3. Considerar as grandes coisas que o Senhor fez
4. **Todas as opções acima.**

4 **Por que Samuel pediu que o Senhor enviasse trovões e chuva? (12:17)**

1. Para regar as plantações
2. Para amendrontar os cananitas
3. **Para mostrar aos israelitas que eles fizeram algo que Deus reprovava ao pedirem um rei**
4. Para alagar o acampamento dos filisteus

5 **Quem disse: "Não deixem de seguir o Senhor, mas sirvam o Senhor de todo o coração"? (12:20)**

1. Davi
2. **Samuel**
3. Saul
4. Eli

6 **O que os filisteus tinham quando eles lutaram contra os israelitas em Gibeá? (13:5)**

1. 3.000 carros de guerra
2. 6.000 condutores de carro
3. Tantos soldados quanto a areia da praia
4. **Todas as opções acima.**

7 **Onde os homens de Israel se esconderam dos filisteus? (13:6)**

1. Em cavernas e buracos
2. Entre as rochas
3. Em poços e cisternas
4. **Todas as opções acima.**

8 **Por quanto tempo Saul esperou por Samuel antes de oferecer o holocausto? (13:8)**

1. Três semanas
2. **Sete dias**
3. Um mês
4. Dois dias

9 **O que Samuel disse para Saul quando Saul ofereceu o sacrifício? (13:13-14)**

1. "Você agiu como tolo".
2. "Você desobedeceu o mandamento que o Senhor, o seu Deus, lhe deu".
3. "Seu reinado não permanecerá".
4. **Todas as opções acima.**

10 **Como Samuel descreveu o homem que o Senhor queria para governar Israel? (13:14)**

1. Um homem que fosse alto e bonito
2. Um homem forte
3. **Um homem segundo o coração de Deus**
4. Um homem que fosse confiante

ESTUDO 8

1 Samuel 14:1-23

Versículo para Memorização

"Nada pode impedir o Senhor de salvar, seja com muitos ou com poucos" (1 Samuel 14:6).

Verdade Bíblica

Deus tem a habilidade de realizar milagres.

Foco

Nesse estudo, as crianças aprenderão que Deus quer que confiemos nEle em todas as circunstâncias. Deus também tem a habilidade de realizar milagres.

Dica de Ensino

Lembre as crianças da impaciência de Saul em 1 Samuel 13:1-14. Ajude-as a entender que a atitude de Saul com Deus estava errada. O relacionamento fraco de Saul com Deus o levava a cometer muitos erros. Ajude as crianças a perceberem que quando elas têm um bom relacionamento com Deus, elas tomam melhores decisões.

COMENTÁRIO BÍBLICO

Leia 1 Samuel 14:1-23. O campo de batalha dos israelitas era perto de Gibeá. Aías, membro da família de Eli, servia como sacerdote de Saul. Deus rejeitou a família de Eli para o sacerdócio. Então, Saul começou a se apoiar no sacerdote rejeitado ao invés de Samuel. A decisão de Saul de usar Aías para buscar conselhos mostrava o declínio do relacionamento de Saul com Deus.

Saul e seu filho, Jônatas, estavam no acampamento. Enquanto Saul descansava, Jônatas e seu escudeiro saíram secretamente do acampamento para lutar com os filisteus.

Jônatas era fiel a Deus. Jônatas acreditava que o Senhor era poderoso e ele confiava em Deus para dar a vitória. Jônatas esperou por um sinal de Deus. Quando ele recebeu o sinal, ele e seu escudeiro atacaram. Eles derrotaram 20 soldados em uma área de 2.000 metros quadrados. Deus causou pânico entre os filisteus e eles começaram a lutar entre si. Deus deu vitória aos israelitas por causa da confiança e fidelidade de Jônatas para com Deus.

CARACTERÍSTICAS DE DEUS

+ Deus ajuda aqueles que confiam nEle.
+ Deus tem a habilidade de realizar milagres.

PALAVRAS DE NOSSA FÉ

Um milagre é um evento impressionante que mostra o poder de Deus.

PESSOAS

Um escudeiro é um servo que carrega armas extras para seu mestre.

Aías era parente de Eli. Ele era um sacerdote durante o reinado de Saul.

LUGARES

Gibeá era a capital do reino de Saul. É também a terra natal de Saul.

COISAS

Não trazer a arca significava parar de buscar a vontade do Senhor. Saul queria que Aías descobrisse a vontade do Senhor para a batalha. Quando ele demorou, Saul disse ao sacerdote para não trazer mais a arca. Saul não queria esperar pela resposta do Senhor.

ATIVIDADE

Para essa atividade, você precisará de um fio ou uma corda entre 50 e 100 centímetros de comprimento. Se possível, consiga um pedaço de corda para cada criança.

Antes das crianças chegarem, pratique a solução para o desafio da corda. A resolução se encontra no final da atividade.

Para começar, dê a cada criança um pedaço de fio ou corda. Peça para elas fazerem um nó na corda. Para fazer um nó, a criança deverá fazer a volta de um laço com a corda e passar o fim da corda pelo meio do laço e puxar os dois extremos para terminar o nó.

Diga: **Agora eu vou mudar as instruções. Vai ser mais difícil agora.** Peça para uma criança tentar fazer o nó enquanto ela segura os dois extremos da corda, um em cada mão, ao mesmo tempo. Depois de um tempinho, deixe outra criança tentar fazer um nó enquanto ela segura os dois extremos ao mesmo tempo, um em cada mão. Se você tiver corda suficiente, deixe que todas as crianças tentem fazer o nó ao mesmo tempo. Se uma criança conseguir fazer o nó, peça que ela espere pelas outras crianças.

Depois de alguns minutos, demonstre a solução para o desafio da corda. Primeiro, coloque a mão direita sobre o ombro esquerdo. Depois, passe a mão esquerda por dentro do braço direito na direção da cintura. Agora segure em cada mão uma extremidade da corda. (Alguém pode te ajudar a pegar cada extremidade com seus braços cruzados.) Enquanto você segura as extremidades da corda, descruze os braços e você fará um nó na corda.

Diga: **Muitas vezes nós passamos por situações difíceis e não sabemos como resolvê-las. Mas Deus pode realizar milagres quando as circunstâncias parecem impossíveis para nós. Nesse estudo, você aprenderá sobre o milagre que Deus realizou quando alguém confiou nEle.**

LIÇÃO BÍBLICA

Prepare a história a seguir, adaptada de 1 Samuel 14:1-23, antes de contá-la para as crianças.

Jônatas, o filho de Saul, decidiu ir até o destacamento do exército dos filisteus. Entretanto, Jônatas não contou ao seu pai. Saul estabeleceu seu acampamento de batalha sob uma romãzeira na fronteira de Gibeá. Ele tinha 600 homens com ele. Parecia impossível que um exército de 600 homens lutasse contra os inúmeros filisteus e ganhasse.

O destacamento dos filisteus ficava depois de um desfiladeiro. De cada lado do desfiladeiro havia um penhasco. Jônatas pretendia cruzar o desfiladeiro para alcançar os filisteus do outro lado.

Jônatas falou com seu escudeiro: "Talvez o Senhor aja em nosso favor, pois nada pode impedir o Senhor de salvar, seja com muitos ou com poucos."

O escudeiro concordou com Jônatas. Jônatas disse: "Vamos atravessar na direção dos soldados e deixaremos que eles nos avistem. Se nos disserem: 'Esperem aí até que cheguemos perto', ficaremos onde estivermos. Mas se eles disserem: 'Subam até aqui', subiremos, pois este será o sinal para nós que o Senhor os entregou em nossas mãos".

O plano de Jônatas desafiava toda a lógica militar. Geralmente, se dois soldados quiserem atacar um grande exército, é sábio esperar até o momento certo. Então, os soldados atacam de surpresa. Entretanto, Jônatas sugeriu que eles aparecessem e ficassem à vista. Esse plano precisava da ajuda de Deus para ser bem sucedido.

Tanto Jônatas quanto o seu escudeiro se mostraram para os soldados filisteus. Os filisteus disseram: "Vejam, os hebreus estão saindo dos buracos onde estavam escondidos".

Os filisteus do destacamento gritaram para eles: "Subam até aqui e lhes daremos uma lição". Imediatamente, Jônatas reconheceu que esse era um sinal de Deus. Jônatas acreditava que Deus poderia lhes dar a vitória nessa batalha.

Jônatas disse ao seu escudeiro: "Siga-me; o Senhor os entregou nas mãos de Israel". Jônatas e seu escudeiro escalaram o desfiladeiro. Eles mataram vinte homens em 2.000 metros quadrados.

Então, Deus mandou terror para o acampamento dos filisteus. As sentinelas de Saul em Gibeá viram que o exército dos filisteus se dispersava em todas as direções. Saul disse: "Contem os soldados e vejam quem está faltando". Quando eles contaram todo mundo, Saul percebeu que Jônatas e seu escudeiro não estavam ali. Essa contagem atrasou a entrada de Saul e de suas tropas na batalha.

Saul pediu que Aías trouxesse a arca de Deus. Aías era um sacerdote da família de Eli. Deus havia rejeitado todos os sacerdotes da família de Eli. Saul pediu que o sacerdote executasse uma cerimônia espiritual para descobrir o que Deus queria que o exército fizesse.

Enquanto Saul falava com o sacerdote, o tumulto no acampamento filisteu crescia. Então, Saul disse para o sacerdote: "Não precisa trazer a arca". Saul pediu para o sacerdote parar no meio da cerimônia. Novamente Saul estava impaciente com Deus.

Então, Saul e seus homens se reuniram e foram para a batalha. Os israelitas viram que os filisteus estavam confusos. Os filisteus feriram uns aos outros com suas espadas. As outras pessoas que estavam com o exército dos filisteus e os israelitas que haviam se escondido em Efraim se uniram na batalha contra os filisteus. Até o final da batalha, o exército de Saul cresceu grandemente.

Então, o Senhor concedeu vitória a Israel naquele dia e a batalha se espalhou para além de Bete-Áven.

Anime as crianças a responderem as seguintes perguntas. Não há respostas certas ou erradas. Essas perguntas ajudarão as crianças a entenderem a história e a aplicarem em suas vidas.

1. O escudeiro de Saul foi com Jônatas lutar contra os filisteus. Como você acha que o escudeiro se sentiu sobre essa situação?

2. Por que Jônatas não contou ao seu pai que ele iria lutar contra os filisteus?

3. Leia I Samuel 2:30-36. O Senhor rejeitou todos os sacerdotes relacionados a Eli. Entretanto, Saul escolheu Aías, um parente de Eli, para ser seu sacerdote. Você acha que essa foi uma escolha sábia? Por quê sim ou por quê não?

4. Por que Jônatas esperou por um sinal do Senhor antes de lutar contra os filisteus? O que isso nos diz sobre a fé de Jônatas em Deus?

5. Leia I Samuel 14:16-19. O que Saul fez que era errado? Que outras escolhas Saul tinha?

Diga: **Quando aprendemos sobre os milagres de Deus, conhecemos mais dEle. Jônatas e seu escudeiro derrotaram vinte filisteus. Deus fez com que caísse terror sobre os demais filisteus no acampamento. Esses eventos foram milagres. O que esses milagres nos dizem sobre Deus? Você acha que esses milagres acontecem somente em histórias bíblicas? Acontecem milagres hoje? Você conhece alguém que já viveu um milagre? Já aconteceu algum milagre em sua vida? Continue a confiar em Deus e creia que Ele ainda faz milagres!**

VERSÍCULO PARA MEMORIZAÇÃO

Pratique o versículo para memorização da lição. Você encontrará sugestões na página 139.

ATIVIDADES ADICIONAIS

Escolha alguma dessas opções para incrementar o estudo bíblico.

1. Diga: **Jônatas tinha muita fé. Jônatas e seu escudeiro decidiram lutar sem outros soldados. Eles lutaram quando eles estavam perdendo de dez por um.** Pergunte: Quais seriam os outros obstáculos que Jônatas e o escudeiro teriam que superar? Como eles venceram apesar dos obstáculos? Que tipo de obstáculo você, ou alguém que você conhece, tem superado? Como você tem visto a ajuda de Deus nessas dificuldades?

2. Ajude as crianças a encontrarem outros exemplos na Bíblia de uma pessoa ou grupo que venceu grandes obstáculos com a ajuda de Deus. Leia Êxodo 13:17—14:29, Juízes 7 ou 2 Crônicas 20:1-30. Pergunte: **Quais são os nomes de outras pessoas que venceram grandes obstáculos? Quais são as características que essas pessoas têm em comum?**

3. Diga as crianças: **Nós temos a habilidade de fazer grandes coisas quando Deus trabalha através de nós.** Pergunte as crianças: **Vocês já testemunharam um ato heróico? Qual foi a coisa mais heróica que vocês já fizeram?** Permita que as crianças escolham uma dessas formas para compartilhar suas histórias e memórias: conversar sobre elas oralmente, escrever as histórias em papel ou fazer um desenho do que aconteceu.

4. Dirija a sua classe para fazer uma peça da passagem bíblica. Os papéis incluirão o seguinte: o rei Saul, Jônatas, seu escudeiro e os filisteus no destacamento. Use 1 Samuel 14:1-23 para ter ideias sobre os diálogos. Motive as crianças a improvisarem um pouco o diálogo. Desafie as crianças a criarem o figurino com os recursos disponíveis.

ANOTAÇÕES:

PERGUNTAS PARA COMPETIÇÃO
(NÍVEL BÁSICO)

Para preparar as crianças para competição, leia para elas 1 Samuel 14:1-23.

1 Quem, além de seu escudeiro, sabia que Jônatas havia deixado o grupo de homens que estavam sob a romãzeira? (14:3)

1. Aitube
2. Aías
3. **Ninguém**

2 Quem disse: "Nada pode impedir o Senhor de salvar, seja com muitos ou com poucos"? (14:6)

1. O escudeiro de Jônatas
2. **Jônatas**
3. Saul

3 O que Jônatas faria se os filisteus dissessem: "Esperem aí até que cheguemos perto"? (14:9)

1. Eles correriam para Saul.
2. **Eles ficariam onde estavam.**
3. Eles iriam até eles.

4 O que os filisteus disseram quando eles viram Jônatas e seu escudeiro? (14:11-12)

1. "Esperem aí. Nós iremos até vocês".
2. **"Subam até aqui e lhes daremos uma lição".**
3. As duas respostas estão corretas.

5 Aproximadamente, quantos filisteus Jônatas e seu escudeiro mataram? (14:14)

1. 50
2. 15
3. **20**

6 Quem mandou terror para o acampamento dos filisteus? (14:15)

1. **Deus**
2. Davi
3. Saul

7 O que Saul disse aos seus homens quando ele viu que o exército dos filisteus estava se dispersando? (14:17)

1. "Vamos atrás dos filisteus".
2. **"Contem os soldados e vejam quem está faltando".**
3. As duas respostas estão corretas.

8 O que Saul pediu para Aías, o sacerdote, fazer quando a confusão continuava no acampamento dos filisteus? (14:19)

1. **"Não precisa trazer a arca."**
2. "Ajude os homens a lutarem."
3. "Esconda a arca dos filisteus."

9 Como o Senhor ajudou a Israel no dia em que caiu terror sobre o exército dos filisteus? (14:23)

1. Ele não os ajudou.
2. **Ele lhes concedeu vitória.**
3. Ele disse aos israelitas para onde deviam ir.

10 Complete o versículo: "Nada pode impedir o Senhor de salvar, seja . . ." (1 Samuel 14:6)

1. **". . . com muitos ou com poucos".**
2. ". . . com tempestade ou com chuva."
3. ". . . essa a vontade deles ou não."

PERGUNTAS PARA COMPETIÇÃO
(NÍVEL AVANÇADO)

Para preparar as crianças para a competição, leia 1 Samuel 14:1-23 para elas.

1 Que decisão Jônatas tomou quando Saul estava debaixo de uma romãzeira na fronteira de Gibeá? (14:1-2)

1. Ir ao destacamento dos filisteus
2. Ir para casa
3. Ir para Gilgal
4. Fazer uma aliança com Dav

2 O que Jônatas disse ao seu escudeiro que o Senhor poderia fazer por eles? (14:6)

1. Mover os desfiladeiros
2. Enviar os filisteus para eles
3. Agir em favor deles
4. Todas as opções acima.

3 O que o escudeiro de Jônatas disse para ele em relação ao plano para ir ao destacamento dos filisteus? (14:7)

1. "Eu não quero te seguir".
2. "Vamos voltar para Saul".
3. "Eu quero matar todos os filisteus".
4. "Faze tudo o que tiveres em mente; eu irei contigo".

4 O que Jônatas disse para seu escudeiro fazer quando os filisteus disseram para ele subir? (14:11-12)

1. "Siga-me; o Senhor os entregou nas mãos de Israel".
2. "Eu irei lá e lutarei. Você espera aqui".
3. "Chame a Saul e o seu exército para nos ajudar".
4. "Vamos esperar para os filisteus chegarem até nós".

5 O que aconteceu com o exército dos filisteus depois que Jônatas e seu escudeiro mataram vinte deles? (14:14-15)

1. O exército filisteu matou Jônatas.
2. Caiu terror sobre todo o exército.
3. O exército filisteu fugiu.
4. Todas as opções acima.

6 O que os sentinelas de Saul viram quando todo o exército dos filisteus estava em pânico? (14:16)

1. O exército vindo em direção deles.
2. O exército se dispersando em todas as direções.
3. Jônatas e o escudeiro fugindo.
4. Todas as opções acima.

7 Quem estava faltando do exército de Israel quando Saul contou todos os homens? (14:17)

1. Jônatas e seu escudeiro
2. Saul e Davi
3. Saul e Aías
4. Jônatas e Aías

8 O que Saul pediu para Aías trazer para eles? (14:18)

1. Uma bola de cristal
2. A arca de Deus
3. Um mapa
4. Sua espada

9 O que os filisteus fizeram quando eles ficaram em uma confusão total? (14:20)

1. Eles fugiram de seu acampamento.
2. Eles começaram a lutar contra os israelitas.
3. Eles mataram Jônatas e Saul.
4. Eles feriram uns aos outros com suas espadas.

10 O que os israelitas que se esconderam em Efraim fizeram quando eles ouviram que os filisteus batiam em retirada? (14:22)

1. Eles lutaram contra os israelitas.
2. Eles se esconderam mais nas montanhas.
3. Eles entraram na batalha contra os filisteus.
4. Eles fugiram com os filisteus.

Versículo para Memorização

"Samuel então respondeu: 'Acaso tem o Senhor tanto prazer em holocaustos e sacrifícios quanto em que se obedeça à Sua palavra? A obediência é melhor que sacrifício, e a submissão é melhor do que a gordura de carneiros'" (1 Samuel 15:22).

Verdade Bíblica

Deus quer que prestemos conta de nossas ações.

Foco

Deus quer que as pessoas O obedeçam. Ele pune aqueles que continuamente O desobedecem.

Dica de Ensino

Dê algum tempo para as crianças expressarem seus sentimentos sobre Saul. É possível que as crianças achem que Deus puniu Saul com severidade por poucos pecados. Entretanto, Deus puniu Saul pois a sua atitude não mostrou reverência e honra a Deus.

COMENTÁRIO BÍBLICO

Leia 1 Samuel 15:1-35. Samuel entregou a Saul uma mensagem do Senhor. Deus disse para Saul destruir os amalequitas e todas os seus pertences. Deus puniu os amalequitas, pois eles ameaçaram destruir os israelitas. Eles também eram uma nação corrupta.

Os queneus eram pessoas que viviam entre os amalequitas. Os queneus tratavam bem os israelitas. Saul avisou aos queneus para se afastarem dos amalequitas.

Quando Saul atacou os amalequitas, ele não obedeceu a ordem de Deus. Saul não destruiu todos os pertences dos amalequitas e ele não matou todo ser vivente. Ao invés de confiar na ajuda de Deus, Saul tomou sua própria decisão sobre como ele iria lidar com os amalequitas.

Como resultado da desobediência de Saul, Deus rejeitou a Saul como rei dos israelitas. Tanto Samuel quanto o Senhor estavam tristes com as ações de Saul. Deus se arrependeu de ter escolhido Saul para ser rei dos israelitas.

CARACTERÍSTICAS DE DEUS

+ Deus requer que as pessoas O obedeçam.
+ Deus pune aqueles que continuam a desobedecê-Lo.

PESSOAS

Os amalequitas eram descendentes do neto de Esaú, Amaleque. Os amalequitas atacaram os israelitas quando eles estavam no deserto, depois de terem deixado o Egito.

Os queneus eram uma tribo de pessoas que mostraram bondade aos israelitas quando eles deixaram o Egito.

Agague era o rei dos amalequitas.

LUGARES

Telaim foi o lugar onde Saul reuniu seus homens antes de atacar os amalequitas.

Gilgal era uma cidade a oeste do Rio Jordão e ao norte do Mar Morto. Samuel matou o rei Agague ali.

COISAS

Despojos são um monte de itens que alguém rouba ou toma à força.

ATIVIDADE

Para essa atividade, você precisará do seguinte:
+ Um par de sapatos com cadarço

Diga: **Hoje aprenderemos como é importante seguir instruções cuidadosamente.** Eu preciso da ajuda de vocês para aprender a fazer o laço no meu cadarço. Peça para que um voluntário lhe dê instruções de como se faz um laço em cadarços. Siga as instruções literalmente e não deixe que a criança pule nenhum passo.

Peça para que uma criança inclua passos subentendidos nas suas instruções. Por exemplo, a criança pode esquecer de incluir os seguintes passos: Abaixe-se para alcançar os sapatos. Pegue um lado do cadarço com uma mão. Fique de pé novamente. Quando as instruções não forem claras, tente seguir as instruções de uma maneira alternativa. Por exemplo, se a criança pedir para você pegar um cadarço com sua mão, pegue o cadarço na direção oposta daquela mão, cruzando seus braços. Deixe que a criança revise a fala dela e acrescente os dados em suas instruções.

Essa atividade será divertida e desafiadora. Permita que outras crianças ajudem a criança que dá as instruções.

Quando você terminar de amarrar os sapatos, diga: **Eu segui todas as suas instruções.**

Agora vamos estudar sobre uma situação em que Saul não seguiu todas as instruções de Deus.

LIÇÃO BÍBLICA

Prepare a história a seguir, adaptada de 1 Samuel 15:1-35, antes de contá-la para as crianças.

Samuel entregou uma mensagem do Senhor para Saul. O Senhor queria que Saul atacasse os amalequitas e destruísse todas as pessoas, bois, ovelhas, camelos e jumentos. Muitos anos antes, os amalequitas atacaram os israelitas no deserto quando estes saíam do Egito. Naquele tempo, Deus prometeu destruir os amalequitas por seus crimes. Deus também queria evitar que eles corrompessem os israelitas com seus costumes idólatras.

Saul liderou com sucesso a emboscada no vale em Amaleque. Saul e seu exército pouparam Agague, o rei dos amalequitas, e eles pouparam o melhor das ovelhas e dos bois. Eles destruíram todo o restante. Quando Saul decidiu poupar Agague e o melhor do rebanho, ele desobedeceu a ordem de Deus.

Então, o Senhor disse a Samuel: "Eu estou triste por ter posto Saul como rei, pois ele Me abandonou e não seguiu as Minhas instruções".

Na manhã seguinte, Samuel planejou se encontrar com Saul. Entretanto, Samuel soube que Saul havia ido para Carmelo. Ali, Saul ergueu um monumento em sua própria honra. Quando Samuel encontrou Saul em Gilgal, Saul disse: "O Senhor te abençoe! Eu segui as instruções do Senhor".

Samuel disse: "Se você seguiu as instruções do Senhor, porque eu ouço sons de ovelhas e bois?"

Saul respondeu: "Os soldados trouxeram alguns animais dos amalequitas. Eles pouparam o melhor das ovelhas e dos bois para sacrificarem ao Senhor, mas destruímos totalmente o restante."

Saul culpou a seus soldados. Ele disse que eles haviam ficado com algumas das ovelhas e bois. Ele tentou ficar com o crédito da destruição do restante das coisas.

Samuel disse a Saul: "O Senhor lhe enviou em uma missão. Ele disse para você destruir completamente aquele povo mau, os amalequitas. Por que você desobedeceu ao Senhor?"

Saul protestou e disse: "Mas eu obedeci ao Senhor. Eu destruí completamente os amalequitas e eu trouxe de volta Agague, seu rei. Planejamos sacrificar as ovelhas e os bois ao Senhor".

Samuel disse a Saul: "A obediência é melhor do que sacrifício. Assim como você rejeitou a palavra do Senhor, ele O rejeitou como rei".

Saul disse a Samuel: "Tive medo das pessoas, por isso eu os atendi". Saul tinha medo de seu povo e desejava a aprovação deles. Saul se preocupava mais com a opinião das pessoas do que com as ordens de Deus.

Então, Saul disse: "Agora eu te imploro, perdoa o meu pecado e volta comigo, para que eu adore o Senhor".

Samuel disse a Saul que não voltaria com ele. Quando Samuel se virou para sair, Saul agarrou-se à barra do manto dele, e o manto se rasgou. Samuel disse a ele: "O Senhor rasgou de você hoje o reino de Israel".

Saul pediu mais uma vez que Samuel voltasse com ele, para que ele pudesse adorar a Deus. Finalmente, Samuel concordou e voltou com Saul e Saul adorou o Senhor. Então, Samuel pediu para ver Agague. Samuel seguiu o comando de Deus e Samuel fez o que Saul não fez. Samuel matou Agague.

Samuel nunca mais foi ver Saul, mesmo se entristecendo por causa dele. O Senhor estava triste por ter estabelecido Saul como rei de Israel. Deus não errou quando ele escolheu Saul para ser o rei. Deus permitiu que Saul escolhesse seguí-Lo. Deus estava triste por Saul ter escolhido desobedecê-lo.

Anime as crianças a responderem as seguintes perguntas. Não há respostas certas ou erradas. Essas perguntas ajudarão as crianças a entenderem a história e a aplicarem em suas vidas.

1. Os amalequitas atacaram os israelitas quando estes saíram do Egito. Como vocês acham que eles se sentiram quando foram punidos por Deus por algo que seus ancestrais fizeram?

2. Vocês acham que Saul fez a coisa certa quando ele poupou os queneus? Por quê sim ou por quê não?

3. Em 1 Samuel 15:12, Saul ergueu um monumento em sua honra. O que isso nos diz sobre a atitude e caráter de Saul? O que isso nos diz sobre a atitude dele em relação a Deus?

4. Quais desculpas Saul deu quando ele poupou o rei Agague e o melhor do seu rebanho? O que você poderia fazer na mesma situação?

5. Como Deus se sentiu sobre Sua escolha de colocar Saul como rei? Por que Ele se sentiu dessa forma? Você acha que Deus estava certo em ficar triste?

Hoje aprendemos que Saul desobedeceu a Deus. Saul decidiu que ele poderia tomar suas próprias decisões em relação a como lutar a batalha com os amalequitas. Saul não completou a missão da maneira que Deus ordenou. Deus puniu Saul, porque Saul o desobedeceu. Deus sabe o que é melhor para nós. Devemos confiar em Deus e obedecê-lo.

VERSÍCULO PARA MEMORIZAÇÃO

Pratique o versículo para memorização da lição. Você encontrará sugestões na página 139.

ATIVIDADES ADICIONAIS

Escolha algumas dessas opções para incrementar o estudo bíblico das crianças.

1. Pergunte: **Do momento em que Saul se tornou rei até o momento em que Deus o rejeitou como rei, com qual frequência Saul desobedeceu a Deus? De quais maneiras Saul desobedeceu a Deus? Leia as histórias do rei Saul nos capítulos 9-15 de 1 Samuel para encontrar a resposta.**

2. Diga: **O Senhor disse a Samuel: "Castigarei os amalequitas pelo que fizeram a Israel, atacando-o quando saía do Egito" (1 Samuel 15:2). Leia sobre a contínua guerra com os amalequitas em Êxodo 17:8-16, Números 14:41-45, Deuteronômio 25:17-19, Juízes 3:12-14; 6:3-5; 7:12; e 10:11-12.**

ANOTAÇÕES:

PERGUNTAS PARA COMPETIÇÃO
(NÍVEL BÁSICO)

Para preparar as crianças para a competição, leia para elas 1 Samuel 15:1-35.

1 **Como os queneus ajudaram os israelitas quando eles saíram do Egito? (15:6)**

1. Eles ajudaram os israelitas a lutarem contra o povo de Canaã.
2. Eles deram trabalho para os israelitas.
3. **Eles foram bondosos com os israelitas.**

2 **O que Saul fez com o rei Agague? (15:8)**

1. Ele o matou.
2. **Ele o levou com vida.**
3. Ele o enviou para ser escravo em Canaã.

3 **Depois dos israelitas lutarem contra os amalequitas, como Deus se sentiu em relação a Saul? (15:11)**

1. **Ele se arrependeu de ter posto Saul como rei.**
2. Ele estava feliz por ter posto Saul como rei.
3. Ele se preocupou com alguém machucando Saul.

4 **O que Saul disse a Samuel quando Samuel chegou em Gilgal? (15:13)**

1. O rei Agague escapou.
2. Diga-me o que fazer.
3. **Eu segui as instruções do Senhor.**

5 **Qual foi a explicação de Saul para o fato de seu exército ter trazido de volta o melhor das ovelhas e dos bois dos amalequitas? (15:15)**

1. Eles precisaram dessas coisas para comer.
2. Eles queriam aumentar seu rebanho.
3. **Eles queriam oferecer sacrifício ao Senhor.**

6 O que Samuel disse que é melhor que sacrifício? (15:22)

1. Ouvir ao Senhor
2. Falar com o Senhor
3. **Obedecer ao Senhor**

7 Por que o Senhor rejeitou a Saul como rei? (15:23)

1. Porque Saul rejeitou a ajuda de Samuel.
2. **Porque Saul rejeitou a palavra do Senhor.**
3. As duas respostas estão corretas.

8 O que Saul disse a Samuel depois que Samuel lhe disse que Deus o havia rejeitado como rei? (15:24)

1. Pequei.
2. Violei a ordem do Senhor.
3. **As duas respostas estão corretas.**

9 Para quem Samuel disse que Deus entregou o reino aos invés de Saul? (15:28)

1. **Para alguém que era melhor do que ele**
2. Samuel
3. Filho de Saul

10 Quem matou o rei Agague? (15:33)

1. Saul
2. **Samuel**
3. Davi

PERGUNTAS PARA COMPETIÇÃO
(NÍVEL AVANÇADO)

Para preparar as crianças para a competição, leia para elas 1 Samuel 15:1-35.

1 Como os amalequitas trataram os israelitas quando estes saíram do Egito? (15:2)

1. Eles os ajudaram.
2. **Eles os atacaram.**
3. Eles lhes deram comida.
4. Eles lhes deram um lugar para morar.

2 O que o Senhor queria que Saul fizesse com os amalequitas? (15:3)

1. Atacasse eles
2. Destruísse tudo o que lhes pertencia
3. Matasse todas as pessoas, bois, ovelhas, camelos e jumentos
4. **Todas as opções acima.**

3 Durante a batalha com os amalequitas, o que Saul e seu exército pouparam? (15:9)

1. Agague
2. O melhor das ovelhas e bois
3. Os bezerros gordos e os cordeiros
4. **Todas as opções acima.**

4 Por que Deus se arrependeu de ter posto Saul como rei? (15:11)

1. **Saul abandonou a Deus e não seguiu as suas instruções.**
2. Saul matou muitas pessoas.
3. Saul ergueu um palácio para ele mesmo.
4. Saul roubou dinheiro do templo.

5 **O que Saul fez no Carmelo na madrugada depois da batalha com os amalequitas? (15:12)**

1. Ele ergueu um monumento em sua própria honra.

2. Ele lutou com os homens no Carmelo.

3. Ele adorou o Senhor.

4. Ele falou com seus filhos.

6 **Que mensagem do Senhor Samuel entregou a Saul? (15:16-19)**

1. O Senhor o ungiu como rei sobre Israel.

2. Por que você não obedeceu ao Senhor?

3. Por que se lançou sobre os despojos e fez o que o Senhor reprova?

4. Todas as opções acima.

7 **Como Saul respondeu quando Samuel perguntou: "Por que você não obedeceu ao Senhor?" (15:19-20)**

1. "Mas eu obedeci ao Senhor".

2. "Cumpri a missão que o Senhor me designou".

3. "Trouxe Agague, o rei dos amalequitas, mas exterminei aos amalequitas".

4. Todas as opções acima.

8 **O que Saul implorou para Samuel fazer depois da batalha em amaleque? (15:25)**

1. "Mostre-me o que fazer. Eu quero ser o rei".

2. "Perdoa o meu pecado e volta comigo, para que eu adore ao Senhor".

3. "Por favor, ajude-me a dizer 'não' para as pessoas. Elas me deixam com medo".

4. Todas as opções acima.

9 **O que Saul fez com Samuel quando Samuel se virou para sair? (15:27)**

1. Ele rasgou a barra do manto de Samuel.

2. Ele aprisionou Samuel.

3. Ele fez Samuel cair.

4. Ele agradeceu Samuel por ter aparecido.

10 **Complete o versículo: "Samuel, porém, respondeu: 'Acaso tem o Senhor tanto prazer em holocaustos e sacrifícios quanto em que se obedeça à sua palavra?..." (1 Samuel 15:22).**

1. "...A obediência não é maior que um sacrifício'".

2. "...A obediência é melhor do que sacrifício, e a submissão é melhor do que a gordura de carneiros'".

3. "...Desobedecer é melhor do que sacrificar e a submissão é pior do que a gordura de carneiros'".

4. "'...Desobedecer é mau aos olhos do Senhor'".

"O Senhor não vê como o homem: o homem vê a aparência, mas o Senhor vê o coração" (1 Samuel 16:7).

Verdade Bíblica

Deus conhece os nossos pensamentos e sentimentos.

Foco

Nesse estudo, as crianças aprenderão que a aparência de uma pessoa não é tão importante quanto a atitude dessa pessoa em relação a Deus.

Dica de Ensino

Ao dirigir o estudo bíblico, diga aos alunos que o espírito maligno que Saul recebeu foi resultado da ausência da presença de Deus. Por causa das más escolhas de Saul, a presença de Deus o deixou. O que Saul sentiu foram os terríveis efeitos da separação de Deus.

ESTUDO 10

1 Samuel 16:1-23

COMENTÁRIO BÍBLICO

Leia 1 Samuel 16:1-23. Deus rejeitou a Saul como rei. Deus disse para Samuel não se entristecer por causa de Saul. Deus disse para Samuel que Ele queria que Samuel fosse para Belém. Deus escolheu um dos filhos de Jessé para ser o próximo rei. Deus queria que Samuel fosse lá e ungisse o próximo rei.

Samuel viu os filhos de Jessé. Samuel pensou que Eliabe era o filho que Deus havia escolhido para ser o próximo rei. Samuel achou que Eliabe tinha aparência e estatura física de um rei. Deus não olha para a aparência nem para a estatura física de uma pessoa. Ao invés disso, Ele olha para a fidelidade dessa pessoa para com Ele. Deus falou para Samuel ungir Davi. Davi tinha boa aparência, mas ele também era fiel a Deus.

Nesse mesmo tempo, o Espírito do Senhor se retirou de Saul. Saul sofreu os terríveis efeitos da ausência do Espírito de Deus. Saul pediu para Davi tocar música para ele. Quando Davi estava perto de Saul e tocava música para ele, Saul se sentia melhor.

CARACTERÍSTICAS DE DEUS

+ Deus sabe que a característica mais importante de um líder é um relacionamento correto com Ele.
+ Deus conhece os nossos pensamentos e atitudes e Ele quer que O amemos e O obedeçamos.

PESSOAS

Jessé era o pai de Davi. Ele também era neto de Rute.

LUGARES

Belém era uma cidade a mais ou menos oito quilômetros de Jerusalém. Ela era a cidade natal de Davi e o lugar onde Samuel o ungiu como o próximo rei.

COISAS

Um novilho é uma vaca jovem.

Ungir é colocar óleo na cabeça de alguém. Este era um ato de consagração ou bênção sobre reis, sacerdotes e profetas. Essa ação mostrava que Deus havia escolhido a pessoa para fazer algo especial para Ele.

Ser ruivo é ter uma cor de pele num tom avermelhado saudável.

Um chifre de óleo é um chifre de um animal que o sacerdote enchia de óleo. O óleo era provavelmente um tipo de azeite.

ATIVIDADE

Você precisará de um cobertor grande o suficiente para enrolar uma pessoa.

Antes da aula, enrole um voluntário no cobertor. Escolha um voluntário que as crianças não consigam reconhecer imediatamente. Peça para as crianças adivinharem quem é a pessoa. Depois, desenrole o voluntário e revele quem a pessoa é.

Diga: **Com um cobertor enrolado ao redor dele (ou dela), essa pessoa parecia diferente. Entretanto, esse cobertor mudou quem a pessoa era? Hoje, no nosso estudo, aprenderemos que a aparência exterior de uma pessoa nem sempre nos diz sobre suas atitudes internas e pensamentos. Saul era alto e bonito, então as pessoas acharam que ele seria um grande rei. Mas Saul tinha problemas dentro dele. Muitas vezes ele escolheu não confiar em Deus ou até desobedecê-lo. Hoje vamos aprender como Deus reconheceu a atitude de um verdadeiro servo em alguém que não parecia com um rei.**

LIÇÃO BÍBLICA

Prepare a história a seguir, adaptada de 1 Samuel 16:1-23, antes de contá-la para as crianças.

O Senhor mandou Samuel encher um chifre com óleo e ir para Belém visitar Jessé. O Senhor escolheu um dos filhos de Jessé para ser o próximo rei. Deus queria que Samuel ungisse esse jovem.

Samuel estava com medo de fazer isso. Ele pensou que Saul poderia descobrir seu plano e tentar matá-lo. O Senhor disse para Samuel levar um novilho com ele para a casa de Jessé e sacrificar o animal para o Senhor. Deus disse para Samuel convidar Jessé e seus filhos para o sacrifício.

Samuel fez tudo o que o Senhor pediu. Quando Samuel chegou a Belém, ele consagrou Jessé e seus filhos e os convidou para o sacrifício.

Quando Jessé e seus filhos chegaram, Samuel viu Eliabe. Samuel pensou que Eliabe era a escolha do Senhor. O Senhor disse para Samuel não considerar a aparência nem a altura de Eliabe. O Senhor não escolheu Eliabe como o rei. O Senhor não olha para a aparência exterior de uma pessoa. Ao invés idsso, Ele olha para o coração, para as atitudes das pessoas em relação a Ele e em relação aos outros.

Dois outros filhos de Jesse, Abinadabe e Samá, passaram por Samuel. O Senhor não escolheu nenhum deles. Sete dos filhos de Jessé passaram por Samuel. Samuel disse para Jessé: O Senhor não escolheu nenhum destes. Estes são todos os filhos que você tem?" Jessé disse a Samuel que tinha mais um filho, o mais novo. Esse filho era pastor e estava no campo cuidando das ovelhas.

Samuel pediu para Jessé trazer esse filho para ele.

Jessé mandou chamar seu filho mais novo, Davi. Davi era ruivo, de belos olhos e boa aparência. O Senhor disse para Samuel ungir Davi. Ele era o escolhido. Então, Samuel pegou o chifre cheio de óleo e ungiu Davi na presença de seus irmãos. Daquele dia em diante, o Espírito do Senhor apoderou-se de Davi.

O Espírito do Senhor se retirou de Saul e um espírito maligno vindo da parte do Senhor o atormentava. Alguns de seus oficiais sugeriram que ele encontrasse alguém para tocar harpa para ele se sentir melhor. Saul gostou da sugestão e pediu para seus oficiais encontrarem alguém.

Um dos oficiais de Saul lhe disse sobre um filho de Jessé que tocava harpa. O oficial descreveu o filho como um guerreiro valente, que sabia falar bem e tinha boa aparência. Além disso, o Senhor estava com esse homem.

Saul mandou mensageiros a Jessé. Eles disseram para Jessé enviar Davi a Saul. Saul gostou muito de Davi e Davi tornou-se seu escudeiro.

Toda vez que o espírito maligno, vindo da parte de Deus, se apoderava de Saul, Davi tocava a sua harpa e Saul se sentia melhor.

Anime as crianças a responderem as seguintes perguntas. Não há respostas certas ou erradas. Essas perguntas ajudarão as crianças a entenderem a história e a aplicarem em suas vidas.

1. **Por que foi importante para Samuel ouvir a Deus quando Ele escolheu o próximo rei? Como é que os padrões de Samuel para um rei eram diferentes dos padrões de Deus?**

2. **Samuel viu os sete filhos de Jessé antes de ungir Davi. Como você acha que os filhos mais velhos se sentiram com a seleção do seu irmão mais novo?**

3. **Como você acha que Saul se sentiu quando ele soube que o Espírito do Senhor se retirou dele? Qual era a única coisa que lhe confortava? Por quê?**

4. **Como é que o versículo para memorização de hoje, I Samuel 16:1-23 se relaciona com a história bíblica de hoje?**

Diga para as crianças: **Deus sabe se somos fiéis a Ele. Deus conhece os nossos pensamentos, nossos sentimentos, nossos desejos, nosso caráter e as escolhas que fazemos. Algumas pessoas pensam que somente as ações que você vê com seus olhos são importantes. Deus nos ensina que Ele sabe se somos fiéis a Ele. Você já decidiu ser fiel a Deus?**

VERSÍCULO PARA MEMORIZAÇÃO

Pratique o versículo para memorização da lição. Você encontrará sugestões na página 139.

ATIVIDADES ADICIONAIS

Escolha algumas dessas opções para incrementar o estudo bíblico das crianças.

1. Diga: **Use livros de concordância bíblica ou a internet para pesquisar o significado desses nomes: Samuel, Saul e Davi.** Pergunte: **Os significados dos nomes são apropriados para as pessoas que você estudou em I Samuel?**

2. Pergunte: **Por que é ao mesmo tempo surpreendente e irônico que Saul tenha convidado Davi para seu palácio em I Samuel 16? O que até então Saul não sabia sobre Davi?**

3. Procure e escute um pouco de música tocada com harpa. Você consegue entender como ela acalmaria alguém com o espírito atormentado?

PERGUNTAS PARA COMPETIÇÃO
(NÍVEL BÁSICO)

Para preparar as crianças para competição, leia para elas 1 Samuel 16:1-23.

1 Que animal o Senhor queria que Samuel levasse quando ele ia se encontrar com Jessé? (16:2)

1. Uma ovelha
2. **Um novilho**
3. Um cabritinho

2 Depois de Samuel ter convidado Jessé para ir ao sacrifício, quem mostraria Samuel o que fazer? (16:3)

1. Os filhos de Jessé
2. Jessé
3. **O Senhor**

3 Qual dos filhos de Jessé, Samuel viu primeiro? (16:6)

1. **Eliabe**
2. Abinadabe
3. Samá

4 O que Jessé disse quando Samuel lhe perguntou: "Estes são todos os filhos que você tem?" (16:11)

1. "Ainda tenho o caçula".
2. "Ele está cuidando das ovelhas".
3. **As duas respostas estão corretas.**

5 Com o quê Samuel ungiu Davi? (16:13)

1. Gordura de carneiros
2. Jarro de água
3. **Chifre cheio de óleo**

6 Quem se apoderou de Davi depois que Samuel lhe ungiu? (16:13)

1. **O Espírito do Senhor**
2. O espírito das pessoas
3. Os espíritos de 1.000 guerreiros

7 O quê atormentava Saul? (16:14)

1. As reclamações do povo
2. **Um espírito maligno**
3. As duas respostas estão corretas

8 Quando Davi começou a trabalhar para Saul, o que ele se tornou? (16:21)

1. Um de seus cozinheiros
2. **Um de seus escudeiros**
3. Um de seus pastores

9 Como Davi ajudava Saul quando um espírito maligno o atormentava? (16:23)

1. **Ele tocava a sua harpa.**
2. Ele lia para ele.
3. Ele preparava uma refeição para ele.

10 O que acontecia com Saul quando Davi tocava a harpa? (16:23)

1. Saul se sentia alívio e melhorava.
2. O espírito maligno o deixava.
3. **As duas respostas estáo corretas.**

PERGUNTAS PARA COMPETIÇÃO
(NÍVEL AVANÇADO)

Para preparar as crianças para a competição, leia para elas 1 Samuel 16:1-23.

1 Por que Samuel estava com medo de ungir um dos filhos de Jessé como rei? (16:2)

1. Ele estava com medo das pessoas ficarem com raiva dele.
2. **Ele estava com medo de Saul descobrir e querer matá-lo.**
3. Ele estava com medo de Jessé ficar com raiva dele.
4. Todas as opções acima.

2 Qual foi o primeiro pensamento de Samuel quando ele viu Eliabe? (16:6)

1. "Esse homem não será o rei de Israel".
2. "Eu espero que o Senhor me diga o que fazer".
3. **"Com certeza esse é o que o Senhor quer ungir".**
4. Todas as opções acima.

3 O que o Senhor disse quando Samuel pensou que Eliabe deveria ser o rei? (16:6-7)

1. "Não considere sua aparência nem sua altura".
2. "O Senhor não vê como o homem".
3. "O homem vê a aparência, mas o Senhor vê o coração".
4. **Todas as opções acima.**

4 Quantos filhos de Jessé, Samuel rejeitou como o novo rei? (16:10)

1. Três.
2. Cinco.
3. **Sete.**
4. Oito.

5 Como 1 Samuel descreve Davi? (16:12)

1. Ruivo.
2. Ele tinha boa aparência.
3. Ele tinha belos olhos.
4. **Todas as opções acima.**

6 O que o Senhor disse quando Jessé trouxe Davi para ver a Samuel? (16:12)

1. **"É este! Levante-se e unja-o".**
2. "Este não é quem eu escolhi".
3. "Escolha um dos outros filhos de Jessé".
4. "Diga a Davi para me honrar".

7 Na presença de quem Samuel ungiu Davi com um chifre cheio de óleo? (16:13)

1. Na presença de Saul
2. Na presença dos filhos de Davi
3. **Na presença dos irmãos de Davi**
4. Na presença de todo Israel

8 Quem se retirou de Saul? (16:14)

1. **O Espírito do Senhor**
2. Eli
3. Davi
4. Jônatas

9 Como os oficiais de Saul descreveram Davi? (16:18)

1. "Sabe tocar harpa".
2. "É um guerreiro valente".
3. "Sabe falar bem e tem boa aparência".
4. **Todas as opções acima.**

10 Complete o versículo: "O Senhor não vê como o homem:. . ." (1 Samuel 16:7)

1. ". . . o homem olha para coisas sem valor, mas o Senhor sabe o que é realmente importante".
2. **". . . o homem vê a aparência, mas o Senhor vê o coração".**
3. ". . . Ele vê promessas onde o homem vê desastres".
4. ". . . Ele não consegue ver o que o homem vê".

"Ninguém o despreze pelo fato de você ser jovem, mas seja um exemplo para os fiéis na palavra, no procedimento, no amor, na fé e na pureza" (1 Timóteo 4:12).

Verdade Bíblica

Deus usa Seu povo fiel para realizar tarefas impossíveis.

Foco

Nesse estudo, as crianças aprenderão que Deus é poderoso. Quando confiamos em Deus e temos fé nEle, podemos realizar coisas que parecem impossíveis.

Dica de Ensino

Ajude as crianças a perceberem a grandeza da situação de Davi. Davi era pequeno e ele era jovem. Entretanto, Deus o usou para algo impressionante. A coragem de Davi e sua confiança em Deus ensinou a todo o povo que Deus é poderoso.

ESTUDO 11

1 Samuel 17:1-51

COMENTÁRIO BÍBLICO

Leia 1 Samuel 17:1-51. O exército dos israelitas e o exército dos filiteus estavam em colinas opostas. Havia um vale entre eles. Os exércitos não queriam abrir mão de suas posições nas colinas.

Golias, um filisteu bem alto e forte, desafiou o exército de Israel. Ele pediu para os israelitas enviarem um soldado para lutar com ele. O vencedor desse desafio declararia vitória para todo o seu exército. Saul e os israelitas estavam com medo de Golias, porque eles estavam sem a presença de Deus e Seu apoio.

Davi não era um soldado treinado. Davi era jovem e trabalhava como pastor, mensageiro e escudeiro. Entretanto, Davi era leal e tinha fé no Senhor. Davi também tinha muita coragem.

Davi convenceu Saul a enviá-lo para lutar com Golias e Davi o derrotou. A vitória de Davi sobre Golias confirmou que a presença de Deus estava com Davi.

CARACTERÍSTICAS DE DEUS

* Deus quer que coloquemos a nossa confiança nEle.
* Deus ajuda os que confiam nEle a realizarem tarefas impossíveis.

PALAVRAS DE NOSSA FÉ

Fé é a confiança em Deus que leva as pessoas a acreditarem no que Deus disse, a dependerem dEle e a obedecê-Lo.

PESSOAS

Incircunciso refere-se a alguém que não fez a circuncisão, que é excisão do prepúcio. Todos os meninos judeus tinham que ser circuncidados alguns dias depois de seu nascimento. Consequentemente, um incircunciso era um "estrangeiro" para os judeus.

COISAS

Alforge era uma espécie de bolsa grande dividida em dois compartimentos.

Arroba era um peso antigo equivalente a aproximadamente 14,688 kg (hoje arredondado em 15 kg).

Um dardo é uma arma que parece com uma lança.

Uma túnica é um tipo de roupa feita com um longo pedaço de pano dobrado ao meio e que tem buracos para os braços e para a cabeça.

Uma atiradeira são duas tiras finas de couro que se juntam no meio com um pedaço maior de couro. Era usada para rodar e lançar pedras.

ATIVIDADE

Você precisará dos seguintes itens para essa atividade:

- ◆ Uma meia
- ◆ Uma bola pequena

Coloque a bola dentro da meia. Explique às crianças que uma atiradeira é uma arma que você roda acima de sua cabeça e depois lança para um alvo. Diga: **Hoje vamos usar essa meia para testar sua habilidade com uma atiradeira.**

Peça para as crianças fazerem uma fila no final do lugar que vocês se encontram. Indique um alvo do outro lado do lugar: um balde, um lugar na parede, uma vara ou qualquer outro item disponível. Deixe as crianças participarem uma de cada vez lançando a meia no alvo escolhido. Tenha a certeza de que cada criança consegue participar pelo menos uma vez. Por questões de segurança, deixe bastante espaço para a criança que usar a atiradeira.

Diga: **Essa atividade foi divertida. Imagine se seu alvo tivesse quase três metros de al-**tura! Hoje, aprenderemos que Davi enfrentou um gigante com uma atiradeira e uma pedra. Davi tinha fé que Deus o ajudaria. Deus tornou possível para Davi realizar algo que parecia impossível!

LIÇÃO BÍBLICA

Prepare a história a seguir, adaptada de 1 Samuel 17:1-51, antes de contá-la para as crianças.

Os filisteus e os israelitas se prepararam para uma batalha um contra o outro. Eles acamparam em colinas opostas, com um vale entre eles. Um campeão chamado Golias saiu do acampamento filisteu. Ele tinha quase três metros de altura. Golias estava vestindo uma armadura pesada. Ele carregava um dardo, uma espada e uma lança. Ele gritou para os israelitas e disse para eles escolherem um homem para lutar contra ele. Saul e os israelitas ficaram apavorados.

Três dos filhos de Jessé eram soldados no exército de Israel. Por quarenta dias, Golias aparecia diante do exército de Israel, toda manhã e toda noite. Davi, o filho mais novo de Jessé, apascentava as ovelhas de seu pai, em Belém.

Jessé disse para Davi pegar uma arroba de grãos tostados e dez pães para seus irmãos. O pai de Davi também mandou levar dez queijos ao comandante. Jessé queria alguma garantia que seus filhos estavam vivos e bem.

Davi partiu de madrugada. Ele chegou ao acampamento na hora em que o exército foi para as suas posições de batalha. Davi ouviu Golias lançar seu desafio habitual aos israelitas. Todos os israelitas fugiram de medo. Davi perguntou: "Quem é esse filisteu incircunciso para desafiar os exércitos do Deus vivo?" Davi não teve medo de Golias. Alguns soldados ouviram o que Davi disse. Quando os soldados relataram essas palavras a Saul, ele o mandou chamar.

Davi disse a Saul que ele lutaria contra Golias. Saul disse a Davi que ele era apenas um rapaz e que ele não conseguiria lutar contra Golias. Então, Davi contou para Saul que ele havia lutado contra um leão e um urso para salvar suas ovelhas. Davi disse para Saul: "O Senhor que me livrou das garras do leão e das garras do urso me livrará das mãos desse filisteu".

Saul vestiu Davi com sua própria túnica, armadura, capacete e espada. Davi experimentou tudo aquilo, mas ele não conseguia andar. Davi disse a Saul que ele não poderia usar aquelas coisas, pois não estava acostumado. Então, Davi levou seu cajado, cinco pedras lisas e sua atiradeira.

Golias se aproximou de Davi e fez pouco caso dele. Golias ficou com raiva de Davi por ter ido lutar contra ele. Davi disse: "Você vem contra mim com espada, com lança e com dardos, mas eu vou contra você em nome do Senhor dos Exércitos".

Davi pegou uma pedra de seu alforge. Ele arremessou-a com a atiradeira e atingiu o filisteu na testa. A pedra ficou encravada em sua testa, e ele caiu, dando com o rosto no chão. Davi matou o filisteu com uma atiradeira e uma pedra.

Quando os filisteus viram que seu guerreiro estava morto eles recuaram e fugiram.

Anime as crianças a responderem as seguintes perguntas. Não há respostas certas ou erradas. Essas perguntas ajudarão as crianças a entenderem a história e a aplicarem em suas vidas.

1. **O que você acha que os israelitas pensaram quando viram que Davi queria lutar contra Golias com uma atiradeira e cinco pedras?** Dramatize a cena e motive as crianças a improvisarem a conversa.

2. Leia 1 Samuel 17:47. **Que arma que Davi usou que Golias não tinha? Como você se sente sabendo que você tem essa mesma ferramenta para lhe ajudar com seus problemas?**

3. **Como o versículo para memorização de hoje, I Timóteo 4:12, se relaciona com a história bíblica?**

Diga: **Golias era bem alto e forte. Golias era um gigante. Davi derrotou Golias com uma atiradeira e uma pedra. Davi confiou na força do Senhor. Provavelmente, você nunca derrotará um gigante em uma batalha. Mas alguns problemas em sua vida podem parecer muito grandes. Você já passou por um problema que parecia ser muito grande? Deus quer que você confie a Ele todos os seus problemas. Deus é forte e poderoso. Deus lhe ajudará com os problemas que você tiver.**

VERSÍCULO PARA MEMORIZAÇÃO

Pratique o versículo para memorização da lição. Você encontrará sugestões na página 139.

ATIVIDADES ADICIONAIS

Escolha algumas dessas opções para incrementar o estudo bíblico das crianças.

1. Faça um cartaz de aproximadamente 3 metros de comprimento. Desenhe uma linha na marca de 2,90 metros. Pendure-o na parede ou coloque-o no chão. Depois, marque a altura de cada criança nesse cartaz para comparar a altura das crianças com a de Golias.

PERGUNTAS PARA COMPETIÇÃO
(NÍVEL BÁSICO)

Para preparar as crianças para competição, leia para elas 1 Samuel 17:1-51.

1 Qual era a altura de Golias? (17:4)

1. Quase três metros de altura
2. Quase quatro metros de altura
3. Quase cinco metros de altura

2 O que Golias disse para os israelitas fazerem? (17:8)

1. Irem para casa
2. Escolherem um homem para lutar contra ele
3. Se prepararem para a batalha

3 Como Saul e os israelitas se sentiram depois de ouviram as ameaças de Golias? (17:11)

1. Atônitos e apavorados
2. Com raiva e ofendidos
3. Impressionados e em paz

4 O que Saul disse para Davi sobre sua disposição de lutar contra Golias? (17:33)

1. "Você não tem condições de lutar contra esse filisteu".
2. "Você é apenas um rapaz, e ele é guerreiro desde a mocidade".
3. As duas respostas estão corretas.

5 Qual foi a resposta de Davi a Saul sobre lutar contra Golias? (17:37)

1. "Eu sou forte. Não tenho medo de lutar".
2. "Eu estou com medo, mas alguém tem que lutar".
3. "O Senhor que me livrou das garras do leão e das garras do urso me livrará das mãos desse filisteu".

6 O que Davi levou para a batalha contra Golias? (17:40)

1. Uma atiradeira, cinco pedras e um cajado.
2. Um cesto e uma flecha.
3. Uma espada e um escudo.

7 Quem disse: "Por acaso sou um cão, para que você venha contra mim com pedaços de pau?" (17:43)

1. Davi
2. Golias
3. Saul

8 O que Davi disse para Golias antes de lançar a pedra? (17:45-47)

1. "Eu vou contra você em nome do Senhor dos Exércitos".
2. "A batalha é do Senhor, e ele entregará todos vocês em nossas mãos".
3. As duas respostas estão corretas.

9 Onde a pedra atingiu Golias? (17:49)

1. No seu peito
2. Na sua perna
3. Na sua testa

10 O que os filisteus fizeram quando eles viram que Golias estava morto? (17:51)

1. Eles culparam os israelitas.
2. Eles recuaram e fugiram.
3. Eles clamaram por seus deuses.

PERGUNTAS PARA COMPETIÇÃO
(NÍVEL AVANÇADO)

Para preparar as crianças para a competição, leia 1 Samuel 17:1-51 para elas.

1 **Quem se posicionou em linha de batalha para enfrentar os filisteus? (17:2)**

1. Os amalequitas
2. Samuel e os sacerdotes
3. **Saul e os israelitas**
4. Os amorreus e os sacerdotes

2 **O que Golias disse sobre o homem que Israel escolhesse para lutar contra ele? (17:8-9)**

1. "Eu o matarei e depois celebraremos no seu tabernáculo".
2. **"Se ele puder lutar e vencer-me, nós seremos seus escravos".**
3. "Eu estou com medo daquele que vocês escolheram".
4. Todas as opções acima.

3 **O que os israelitas disseram que o rei daria para o homem que matasse Golias? (17:25)**

1. Grandes riquezas
2. A filha do rei em casamento
3. Isenção de impostos para a família de seu pai
4. **Todas as opções acima.**

4 **O que Eliabe disse quando ele viu que Davi falou com os homens israelitas? (17:28)**

1. "Por que você veio até aqui?"
2. "Sei que você é presunçoso e que seu coração é mau".
3. "Você veio só para ver a batalha".
4. **Todas as opções acima.**

5 **Qual foi a primeira coisa que Davi disse a Saul sobre Golias? (17:32)**

1. "Por que vocês ainda não mataram Golias?"
2. **"Ninguém deve ficar com o coração abatido por causa desse filisteu; teu servo irá e lutará com ele".**
3. "Seus exércitos envergonham o Senhor".
4. "Golias é um inimigo mau. Vamos orar ao Senhor".

6 **O que Davi disse a Golias depois que Golias o ameaçou? (17:44-45)**

1. "Eu sou um guerreiro poderoso".
2. "Este dia será o seu último".
3. **"Eu vou contra você em nome do Senhor dos Exércitos".**
4. "Você vem contra mim com ameaças, mas eu não tenho medo".

7 **O que Davi disse para Golias antes de arremessar a pedra na direção dele? (17:46-49)**

1. "Hoje mesmo o Senhor o entregará em minhas mãos".
2. "Não é por espada nem por lança que o Senhor concede a vitória".
3. "Pois a batalha é do Senhor, e ele entregará todos vocês em nossas mãos".
4. **Todas as opções acima.**

8 **O que aconteceu quando Davi arremessou a pedra para Golias? (17:49-50)**

1. Golias ficou com raiva e correu na direção de Davi.
2. **A pedra atingiu a testa de Golias e ele morreu.**
3. A pedra atingiu o peito de Golias e ele gritou.
4. A pedra atingiu o olho de Golias e Golias não conseguia mais ver.

9 Por que os filisteus recuaram e fugiram quando Golias caiu no chão? (17:49-51)

1. Eles viram Davi vindo na direção deles.
2. Eles se sentiram mau por terem sido ruins para com os israelitas.
3. Eles foram orar ao seu deus.
4. **Eles viram que seu guerreiro estava morto.**

10 Complete o versículo: "Ninguém o despreze pelo fato de você ser jovem, mas seja . . ." (I Timóteo 4:12)

1. ". . . um exemplo para que as pessoas possam olhar para a sua vida e saberem que você serve a Deus".
2. ". . . um padrão aos viventes que honre a Deus".
3. **". . . um exemplo para os fiéis na palavra, no procedimento, no amor, na fé e na pureza".**
4. ". . . um confrontador de todos que se levantarem contra você e prove que eles estão errados".

Versículo para Memorização

"Não sejamos presunçosos, provocando uns aos outros e tendo inveja uns dos outros" (Gálatas 5:26).

Verdade Bíblica

Deus quer que amemos e respeitemos as pessoas e não tenhamos inveja delas.

Foco

Essa lição ajudará as crianças a aprenderem que Deus cuida daqueles que O amam e O obedecem. Deus não quer que Seu povo tenha inveja dos outros.

Dica de Ensino

Diga as crianças que a inveja prejudica os relacionamentos. Se você se sentir à vontade, compartilhe exemplos de momentos que você sentiu inveja e conte como você superou esses sentimentos. Converse sobre maneiras que as crianças podem reconhecer e superar seus sentimentos de inveja.

COMENTÁRIO BÍBLICO

Leia 1 Samuel 18:1-16, 28-30; 19:1-18. Davi impressionou Jônatas, filho de Saul. Jônatas deu a Davi seu manto, sua túnica, suas armas e fez um acordo com Davi. Jônatas era leal a Davi. Ele reconheceu que Davi era a escolha de Deus para ser o próximo rei dos israelitas.

Saul enviou Davi para liderar o exército e Davi o fez com sabedoria. As mulheres de Israel cantaram uma canção de louvor a Saul e a Davi. Na canção das mulheres, o louvor a Davi pareceu maior do que o louvor a Saul. Saul ficou com raiva quando ele ouviu como as mulheres louvavam a Davi.

Saul entendeu que Davi era um líder valoroso do exército. Saul também reconhecia que Davi ameaçava sua posição como rei. O sucesso de Davi e sua popularidade com os israelitas continuavam a crescer. Por isso, Saul tentou tirar a vida de Davi em várias ocasiões.

CARACTERÍSTICAS DE DEUS

+ Deus cuida daqueles que O amam e O obedecem.
+ Deus quer que amemos e respeitemos as pessoas, e que não tenhamos inveja delas.

PESSOAS

Mical era a filha de Saul e esposa de Davi.

LUGARES

Naiote era um pasto fora dos muros da cidade de Ramá. Davi e Samuel acamparam ali para que Saul não os aprisionasse na cidade.

COISAS

Uma campanha é uma série de ataques militares durante uma guerra.

ATIVIDADE

Diga: **Hoje aprenderemos mais sobre Saul, Jônatas e Davi. Saul tinha inveja de Davi e ele queria matar Davi. Mas Jônatas, filho de Saul, amava a Davi e Jônatas queria proteger Davi.**

Escolha uma criança para cada um desses papéis: Saul, Jônatas e Davi. Instrua as outras crianças a segurarem as mãos, formarem um círculo olhando para fora. A criança que representar Davi ficará dentro do círculo o tempo todo. As crianças no círculo protegerão Davi. A criança que representar Saul tentará entrar no círculo, até engatinhando, para pegar Davi. A criança que representar Jônatas ficará fora do círculo e tentará pegar Saul antes de Saul pegar Davi.

O jogo termina com uma dessas situações: Jônatas pega Saul ou Saul pega Davi. Depois, escolha outras crianças para atuarem como cada um desses três personagens. Se o tempo permitir, faça essa brincadeira diversas vezes até que cada criança tenha sido pelo menos um dos personagens.

Diga: **Você ajudou a proteger Davi. Hoje vamos aprender como Deus ajudou a proteger Davi da inveja de Saul.**

LIÇÃO BÍBLICA

Prepare a história a seguir, adaptada de 1 Samuel 18:1-16, 28-30; 19:1-18, antes de contá-la para as crianças.

Já que Jônatas era filho de Saul, ele era herdeiro de Saul. Jônatas tinha uma amizade especial com Davi e os dois fizeram um acordo de amizade. Para expressar seu amor por seu amigo, Jônatas deu a Davi seu manto, sua túnica, sua espada, seu arco e seu cinturão. Esses presentes simbolizaram que Jônatas estava entregando seu reino a Davi. Jônatas reconhecia que Deus havia escolhido Davi para suceder a Saul como rei.

Qualquer coisa que Saul mandava Davi fazer, Davi fazia com sucesso. Por isso, Saul deu a ele um posto elevado no exército. Depois que Davi matou Golias, as mulheres dançaram e cantaram. Elas cantaram: "Saul matou milhares, e Davi, dezenas de milhares". As mulheres estavam dizendo que Saul e Davi era campeões similares. Entretanto, Saul teve inveja das pessoas acharem que Davi era igual a ele. Saul teve raiva dessa canção e estava com inveja de Davi. Saul observada as ações de Davi cuidadosamente.

No dia seguinte, um espírito maligno veio a Saul. Enquanto Davi tocava a harpa, Saul atirou a lança sobre ele duas vezes. Davi desviou-se nas duas vezes. Depois disso, Saul teve medo de Davi, pois o Senhor estava com esse jovem. O Senhor não estava com Saul. Embora a vida de Davi estivesse em perigo, o Senhor estava com Davi e ele tinha certeza de que Deus o protegeria.

Saul enviou Davi para comandar mil homens no exército. Saul esperava que Davi morresse na batalha. Mas, em tudo o que fazia, Davi era bem sucedido, porque o Senhor estava com ele.

Quando Saul percebeu que Mical, sua filha, amava a Davi, Saul teve mais medo dele. Pelo resto de sua vida, Saul considerou Davi um inimigo. Saul falou para seu filho, Jônatas, e todos os seus conselheiros, sobre a sua intenção de matar Davi. Entretanto, Jônatas alertou Davi e disse para ele se esconder.

Jônatas disse a Saul que Davi era leal ao rei. Davi ajudou Saul a derrotar os filisteus e era inocente de qualquer crime. Jônatas pediu que Saul não matasse Davi.

Saul ouviu Jônatas. Então, Saul fez um juramento: "Juro pelo nome do Senhor que Davi não será morto". Então, Jônatas trouxe Davi de volta para Saul.

Em outra guerra, Davi lutou contra os filisteus. Ele lutou bem e os filisteus fugiram dele. Depois disso, um espírito maligno do Senhor veio a Saul. Saul esqueceu de seu juramento de não matar Davi. Enquanto Davi tocava a harpa, Saul tentou encravá-lo na parede com sua lança.

Davi escapou de Saul. A esposa de Davi, Mical, disse para ele que ele estava em perigo. Ela o incentivou a fugir naquela noite. Então, Mical fez Davi descer por uma janela e ele escapou.

Então, Mical pegou um ídolo e o colocou na cama. Ela o cobriu com um manto e colocou uma almofada de pêlos de cabra na cabeceira. Os homens de Saul chegaram para capturá-lo. Mical lhes disse que Davi estava doente. Os homens pensaram que o ídolo na cama era Davi.

Saul disse para seus homens levarem Davi a ele, para que ele pudesse matar Davi. Mas quando os homens entraram na casa novamente, eles perceberam que Davi não estava na cama. Era um ídolo com o pêlo de algumas cabras.

Davi foi falar com Samuel em Ramá. Davi disse a Samuel tudo o que Saul lhe havia feito. Então, Davi e Samuel foram para Naiote e ficaram ali.

Anime as crianças a responderem as seguintes perguntas. Não há respostas certas ou erradas. Essas perguntas ajudarão as crianças a entenderem a história e a aplicarem em suas vidas.

1. **Façam uma lista de quatro coisas importantes que aconteceram com Davi no estudo de hoje. Por que você acha que essas coisas aconteceram com ele?**

2. Leia 1 Samuel 18:6-9. **Como Saul reagiu à canção das mulheres? Por que ele reagiu dessa forma?**

3. **Por que Saul teve inveja de Davi? O que Saul fez porque ele estava com inveja de Davi? O que Davi tinha que Saul não tinha?**

4. **Como filho do rei, o que Jônatas sacrificou quando ele ajudou Davi? Por que será que Jônatas não tinha inveja de Davi?**

5. **Mical ajudou Davi a escapar. Ela mentiu para seu pai e seus homens para ajudar Davi. Vocês acham que o método dela estava certo? Por que sim ou por que não?**

Diga: **Vocês já sentiram inveja de alguém? Inveja é uma emoção comum que as pessoas sentem. O que importa para Deus é como nós reagimos quando temos inveja. Saul não lidou com a sua inveja de Davi da forma correta. Saul escolheu odiá-lo. Deus quer que cada um de nós escolha a forma correta de tratar os outros. Se você ficar com inveja, peça a Deus para lhe ajudar a lidar com isso de forma gentil. Agir com gentileza não é fácil, mas é o que Deus quer que você faça.**

VERSÍCULO PARA MEMORIZAÇÃO

Pratique o versículo para memorização da lição. Você encontrará sugestões na página 139.

ATIVIDADES ADICIONAIS

Escolha algumas dessas opções para incrementar o estudo bíblico das crianças.

1. **Jônatas e Davi fizeram um acordo de amizade.** Leia mais sobre o acordo entre Jônatas e Davi em 1 Samuel 18:1-4, 19:1-7, 20:1-42 e 23:16-18. **O que eles prometeram fazer? Por que Jônatas deu a Davi seu manto, sua túnica e suas armas? O que essas passagens nos revelam sobre o caráter de Jônatas? O que elas nos revelam sobre o relacionamento entre Jônatas e Davi?**

2. Leia sobre outros acordos ou alianças, na Bíblia. Comece com Gênesis 9:8-17 e 15:9-18. **Quem fez essas alianças e o que as pessoas prometeram. Faça um quadro. O que essas alianças e acordos têm em comum com o acordo entre Jônatas e Davi? O que elas têm de diferente?**

ANOTAÇÕES:

PERGUNTAS PARA COMPETIÇÃO
(NÍVEL BÁSICO)

Para preparar as crianças para a competição, leia para elas 1 Samuel 18:1-16, 28-30; 19:1-18.

1 **Por que Davi não voltou para a casa de seu pai depois de ter matado Golias? (18:2)**

1. Davi amou a vida no palácio.
2. Era uma viagem perigosa pelo território filisteu.
3. **Saul não deixou Davi voltar para casa.**

2 **Quem fez um acordo de amizade com Davi porque o amava como a si mesmo? (18:3)**

1. Saul
2. Samuel
3. **Jônatas**

3 **O que as mulheres cantaram quando os homens voltaram para casa depois que Davi matou o filisteu? (18:6-7)**

1. "Que rei maravilhoso é Saul".
2. **"Saul matou milhares, e Davi, dezenas de milhares".**
3. "Finalmente estamos livres dos filisteus".

4 **Como Saul tratou Davi depois de ouvir a canção das mulheres? (18:8-9)**

1. **Ele olhou com inveja para Davi.**
2. Ele amou a Davi com todo o seu coração.
3. Ele esqueceu de Davi.

5 **Por que Saul teve medo de Davi? (18:12)**

1. Saul percebeu o que Davi tinha feito com o filisteu.
2. Saul teve uma visão sobre Davi.
3. **O Senhor estava com Davi, mas havia abandonado Saul.**

6 Quem amava Davi? (18:28)

1. Mical
2. Merabe
3. Bete-Seba

7 O que Saul disse para Jônatas que queria fazer com Davi? (19:1)

1. Prendê-lo.
2. Preparar uma festa para ele.
3. Matá-lo.

8 Como Saul reagiu depois que Jônatas falou bem de Davi para ele? (19:4-6)

1. Ele fez um juramento que não mataria Davi.
2. Ele fez um juramento que mataria a Davi na próxima vez que o visse.
3. Ele chorou, porque lamentou a forma como havia tratado Davi.

9 Depois que Davi fugiu, o que Mical colocou na cama para despistar os homens de Saul? (19:12-13)

1. Um tijolo com lã de ovelhas.
2. Um ídolo do clã e uma almofada de pêlos de cabra.
3. Um jarro com grama seca.

10 Complete o versículo: "Não sejamos presunçosos, provocando uns aos outros e . . ." (Gálatas 5:26)

1. ". . . brigando com os nossos irmãos e irmãs".
2. ". . . tendo inveja uns dos outros".
3. ". . . perturbando aqueles que nos cercam".

PERGUNTAS PARA COMPETIÇÃO
(NÍVEL AVANÇADO)

Para preparar as crianças para a competição, leia para elas 1 Samuel 18:1-16, 28-30; 19:1-18.

1 Quem fez um acordo de amizade com Davi porque o amava como a si mesmo? (18:3)

1. O Senhor
2. O Rei Saul
3. Jônatas
4. Samuel

2 O que Jônatas deu a Davi? (18:4)

1. Seu manto e sua túnica
2. Sua espada
3. Seu arco e seu cinturão
4. Todas as opções acima.

3 Por que Saul deu a Davi um posto elevado no exército? (18:5)

1. Davi pediu um posto maior.
2. Davi fazia com muita habilidade tudo o que Saul lhe ordenava fazer.
3. Saul queria que Davi falhasse.
4. Saul tinha orgulho de Davi.

4 O que Saul fez quando um espírito maligno mandado por Deus apoderou-se dele? (18:10-11)

1. Ele pediu para Samuel orar por ele.
2. Ele atirou sua lança e tentou encravar Davi na parede.
3. Ele gritou de dor.
4. Ele mandou Davi ficar longe dele.

5 **Por que todo o Israel e todo o Judá gostavam de Davi? (18:16)**

1. Ele cantava e tocava harpa.
2. Ele matou todos os filisteus.
3. **Ele os conduzia em suas batalhas.**
4. Ele era jovem e bonito.

6 **O que Jônatas disse para Davi depois que Saul falou para Jônatas sobre seu desejo de matar Davi? (19:1-3)**

1. "Meu pai está procurando uma oportunidade para matá-lo".
2. "Vá para um esconderijo e fique por lá".
3. "Falarei a ele sobre você e, depois, contarei a você o que eu descobrir".
4. **Todas as opções acima.**

7 **Quando houve guerra, quem fugiu quando Davi lhes impôs uma derrota? (19:8)**

1. Os soldados de Saul
2. Os israelitas
3. **Os filisteus**
4. Os amorreus

8 **O que Mical fez quando os homens de Saul vieram procurar Davi? (19:11-13)**

1. Ela alertou Davi.
2. Ela ajudou Davi fugir pela janela.
3. Ela colocou um ídolo do clã com uma almofada de pêlos de cabra na cama de Davi.
4. **Todas as opções acima.**

9 **O que Mical disse aos homens de Saul quando eles foram buscar Davi? (19:14)**

1. **"Ele está doente".**
2. "Ele escapou".
3. "Ele está viajando para outra cidade".
4. "Ele está se escondendo".

10 **Com quem Davi foi falar depois que Mical o ajudou a escapar de Saul? (19:18)**

1. Jônatas
2. Seus irmãos
3. **Samuel**
4. Jessé

Versículo para Memorização

"O Senhor é bom, um refúgio em tempos de angústia. Ele protege os que nele confiam" (Naum 1:7).

Verdade Bíblica

Deus encoraja o seu povo em tempos de angústia.

Foco

Nesse estudo, as crianças aprenderão que podemos recorrer a Deus para nos ajudar em qualquer situação. Deus pode até não acabar com o problema, mas Ele sempre está conosco. Deus dará direção quando Lhe pedirmos ajuda.

Dica de Ensino

Há muitas coisas que dão medo nas crianças: guerra, violência, muita chuva, separação e morte. Diga às crianças que o medo é uma emoção que todos experimentam. Entretanto, Deus estará com eles em momentos de angústia. Mesmo quando Ele não acaba com o problema, podemos confiar nEle para estar conosco não importa a a situação. Deus quer que façamos a escolha de confiar nEle ao invés de termos medo.

COMENTÁRIO BÍBLICO

Davi fugiu de Saul quando seu amigo Jônatas contou a ele que Saul planejava matá-lo. Davi chegou em Nobe e recebeu pão de Aimeleque, o sacerdote. Aimeleque deu a Davi pão consagrado. Aimeleque também deu a Davi a espada de Golias. A espada encorajou Davi e o lembrou que a presença de Deus o acompanharia nos dias de perigo.

Doegue, o edomita, era leal a Saul. Ele contou a Saul que Davi havia fugido para Nobe e que Aimeleque havia dado a Davi um pouco de pão e uma espada. Saul mandou chamar Aimeleque e a sua família. Saul perguntou a Aimeleque por que ele havia ajudado Davi e seus homens. Aimeleque lembrou a Saul de que Davi era fiel a Saul. Aimeleque também disse que era inocente, pois não sabia de qualquer conflito entre Saul e Davi.

Saul se recusou a ouvir o que Aimeleque disse. Ele mandou seus guardas matarem Aimeleque e toda a sua família. Os guardas se recusaram a matar Aimeleque e os outros sacerdotes. Os israelitas acreditavam que um ataque aos sacerdotes de Deus era como atacar a Deus. A única pessoa que concordou em matar Aimeleque e sua família foi Doegue, o edomita.

Enquanto Davi estava em Horesa, ele soube que Saul planejava matá-lo. Jônatas foi a Horesa e confortou a Davi. Jônatas disse a Davi que Davi seria o rei e que Jônatas o serviria. Jônatas e Davi fizeram um acordo perante o Senhor.

As atitudes de Saul em Nobe mostraram que ele mataria qualquer pessoa que ficasse contra ele, mesmo os sacerdotes de Deus.

As atitudes de Jônatas para com Davi mostraram que o coração de Jônatas era sincero diante de Deus. Jônatas aceitou que Davi era a escolha de Deus para ser o próximo rei.

CARACTERÍSTICAS DE DEUS

+ Deus é a nossa esperança em tempos de angústia.
+ Deus nos guiará quando Lhe pedirmos ajuda.

PESSOAS

Aimeleque era o sumo sacerdote que ajudou a Davi quando ele fugiu de Saul.

Doegue, o edomita era o líder dos pastores que cuidavam dos animais de Saul. Os edomitas eram inimigos de Israel.

LUGARES

Nobe era uma cidade de sacerdotes. Era cerca de quatro quilômetros de Jerusalém.

O deserto de Zife era uma área desértica ao redor da cidade de Zife.

Horesa era um lugar no deserto de Zife onde Davi se escondeu e que estava a oeste do Mar Morto.

COISAS

Pão consagrado era um pão especial que era assado todo dia e ficava fresquinho diante do Senhor no tabernáculo. Geralmente os sacerdotes comiam o pão quando eles substituíam esse pão no dia seguinte.

Consultar ao Senhor era buscar a direção de Deus através de uma variedade de métodos.

ATIVIDADE

Você precisará desses itens para essa atividade:

+ Um trajeto simples com obstáculos
+ Uma venda para os olhos

Faça um trajeto simples com obstáculos dentro ou fora da sala. O trajeto com obstáculos deve fazer com que as crianças executem as seguintes ações: passem por baixo de uma mesa, contornem cadeiras ou árvores, pulem sobre livros ou um pedaço de madeira, ou passem por uma área de brinquedos / parquinho.

Organize as crianças em duplas. Uma criança de cada dupla usará uma venda nos olhos. A outra criança servirá de guia. O guia usará sua voz para direcionar a criança com a venda pelos obstáculos. A criança que está guiando não pode tocar a criança com a venda nos olhos.

Mande as crianças passarem pelo trajeto, uma dupla de cada vez.

Diga: **Vocês não conseguiriam passar pelo trajeto com obstáculos sem a ajuda de um guia. Sem um guia, vocês tropeçariam, se desequilibrariam ou se machucariam. Através de nossos estudos bíblicos, aprendemos que Saul não pedia a direção de Deus para as escolhas que fazia. Então, Deus não ajudava Saul. Hoje, aprenderemos que Davi pediu a direção de Deus quando ele estava com problemas. Deus guiou a Davi e o protegeu de Saul.**

LIÇÃO BÍBLICA

Prepare a história a seguir, adaptada de 1 Samuel 21:1-9; 22:6-23; 23:14-18, antes de contá-la para as crianças.

Davi foi a Nobe falar com Aimeleque, o sacerdote. Davi disse a Aimeleque que o rei o havia enviado em uma missão. Davi pediu cinco pães a Aimeleque. Aimeleque disse a Davi que ele não tinha pão comum. Ele só tinha pão consagrado. Então, o sacerdote deu a Davi o pão consagrado.

Davi também pediu a Aimeleque uma lança ou uma espada. Ele só tinha disponível a espada de Golias. Aimeleque deu a Davi essa espada.

Um dos servos de Saul, o edomita Doegue, estava em Nobe naquele dia. Esse servo viu que Aimeleque deu a Davi o pão e a espada de Golias.

Saul pensou que alguns dos israelitas sabiam onde Davi estava se escondendo. O edomita contou a Saul que ele havia visto Davi com Aimeleque e que Aimeleque havia ajudado Davi.

Saul mandou chamar Aimeleque e toda a família do pai de Aimeleque. Saul perguntou a Aimeleque o porquê dele conspirar contra ele. Ele acusou Aimeleque de dar pão e a espada para Davi. Saul também acusou Aimeleque de ter consultado ao Senhor a favor de Davi.

Aimeleque disse a Saul que essa não era a primeira vez que ele consultava o Senhor em favor de Davi. Aimeleque implorou que Saul não o acusasse nem a família de seu pai. Aimeleque explicou que ele pensou que Davi estava numa missão para o rei.

Mas o rei disse: "Com certeza você será morto, Aimeleque, você e toda a família de seu pai". Saul mandou seus guardas matarem os sacerdotes, mas os guardas recusaram. Então, Saul mandou o edomita Doegue matar os sacerdotes. Doegue, o edomita, matou oitenta e cinco sacerdotes e os homens, as mulheres, as crianças, os bois, os jumentos e as ovelhas de Nobe. Entretanto, Abiatar, filho de Aimeleque, escapou e fugiu para ficar com Davi.

Abiatar contou para Davi que Saul matou os sacerdotes em Nobe. Davi achou que ele era responsável pela morte de toda a família de Abiatar. Ele pediu para Abiatar ficar com ele, porque Abiatar estaria seguro com Davi.

Davi ficou nas colinas do deserto de Zife. Ele encontrou boas fortalezas, bons esconderijos para ele e seus homens. Dia após dia, Saul procurava a Davi, mas Deus não permitia que Saul o encontrasse.

Jônatas foi encontrar Davi em Horesa e Jônatas ajudou Davi a encontrar forças em Deus. Jônatas disse a Davi que Saul não o mataria. Os dois homens fizeram um acordo perante o Senhor.

Anime as crianças a responderem as seguintes perguntas. Não há respostas certas ou erradas. Essas perguntas ajudarão as crianças a entenderem a história e a aplicarem em suas vidas.

1. Que explicação Davi usou para ter ido a Nobe? Por que será que Davi mentiu para Aimeleque?

2. Em 1 Samuel 22:22, Davi viu o edomita Doegue no tabernáculo. Como será que Davi se sentiu quando ele viu esse servo de Saul? Como você teria agido se você fosse Davi?

3. Como o versículo para memorização, Naum 1:7, se relaciona com a lição de hoje?

Diga: **Todo mundo fica com medo em momentos de dificuldade. Todos tem medo de alguma coisa. O que te dá medo?** O que você pode fazer quando você está com medo? Depois das crianças responderem essas perguntas, se ninguém tiver mencionado isso, diga: **Você pode falar com Deus.**

Davi estava com medo quando ele fugiu de Saul. Davi confiou que Deus o ajudaria. Deus ajuda o Seu povo em tempos de

angústia. Deus lhes direcionará se vocês Lhe pedirem ajuda. Ele estará com vocês.

VERSÍCULO PARA MEMORIZAÇÃO

Pratique o versículo para memorização da lição. Você encontrará sugestões na página 139.

ATIVIDADES ADICIONAIS

Escolha algumas dessas opções para incrementar o estudo bíblico das crianças.

1. Faça uma lista de formas pelas quais as pessoas podem encontrar direção de Deus. Algumas possíveis respostas são: oração, leitura bíblica, sermões, lições e o conselho de pessoas de Deus. Forneça materiais para as crianças fazerem um cartaz sobre esse tópico.

2. Leia 1 Samuel 19:4-6 e 1 Samuel 22:14. Compare como Jônatas e Aimeleque defenderam Davi. **O que aconteceu com Jônatas quando ele defendeu Davi? O que aconteceu com Aimeleque quando ele defendeu Davi?**

ANOTAÇÕES:

PERGUNTAS PARA COMPETIÇÃO
(NÍVEL BÁSICO)

Para preparar as crianças para competição, leia para elas 1 Samuel 21:1-9; 22:6-23; 23:14-18.

1 O que Davi pediu para Aimeleque, o sacerdote, dar a ele? (21:3)

1. Uma bênção
2. **Cinco pães**
3. Um mapa

2 Qual dos servos de Saul estava em Nobe no dia que Davi se encontrou com Aimeleque? (21:7)

1. **Doegue, o edomita**
2. Aitube
3. Abiatar

3 O que Davi disse sobre a espada que Aimeleque lhe deu? (21:9)

1. "Eu me lembrarei bem do que aconteceu naquele dia".
2. "Se essa é a única espada que você tem, eu levo".
3. **"Não há outra melhor; dê-me essa espada".**

4 Quem contou a Saul que Davi estava em Nobe com Aimeleque? (22:9)

1. **Doegue, o edomita**
2. O líder do exército de Saul
3. Jônatas

5 O que Aimeleque disse quando Saul o acusou de ter ajudado Davi? (22:15)

1. "Deixe-me lhe contar tudo o que eu sei, porque sou servo do rei".
2. **"Que o rei não acuse a mim, seu servo, nem a qualquer um da família de meu pai, pois seu servo não sabe de nada".**
3. "Eu não lhe contarei nada; só o Senhor lhe julgará".

6 **O que Saul mandou seus guardas fazerem com os sacerdotes em Nobe? (22:17)**

1. Deixarem eles irem embora
2. **Matarem todos eles**
3. Matarem somente Aimeleque

7 **Quem o edomita Doegue matou? (22:18-19)**

1. 85 homens que vestiam túnica de linho, quer dizer, eram sacerdotes.
2. Todos os que viviam em Nobe, além de muitos animais.
3. **As duas respostas estão corretas.**

8 **O que Davi disse a Abiatar depois que ele contou a Davi sobre a morte dos sacerdotes? (22:22-23)**

1. "Fique comigo, não tenha medo".
2. "O homem que está atrás de sua vida também está atrás da minha. Mas você estará a salvo comigo".
3. **As duas respostas estão corretas.**

9 **Por que Saul não conseguia encontrar a Davi quando ele estava no deserto de Zife? (23:14)**

1. **Deus não entregava Davi nas mãos de Saul.**
2. Saul não estava procurando nos lugares certos.
3. Davi se escondeu entre as pedras.

10 **Quem foi encontrar Davi em Horesa e o ajudou a encontrar forças em Deus? (23:16)**

1. Mical
2. **Jônatas**
3. Samuel

PERGUNTAS PARA COMPETIÇÃO
(NÍVEL AVANÇADO)

Para preparar as crianças para a competição, leia para elas 1 Samuel 21:1-9; 22:6-23; 23:14-18.

1 **O que Davi disse a Aimeleque quando ele o encontrou em Nobe? (21:2-3)**

1. "O rei me encarregou de uma certa missão".
2. "Eu ordenei aos meus soldados que se encontrassem comigo num certo lugar".
3. "Dê-me cinco pães ou algo que tiver".
4. **Todas as opções acima.**

2 **De quem era a espada que Davi pegou com Aimeleque? (21:9)**

1. **De Golias**
2. De Saul
3. De Samuel
4. De Jônatas

3 **Em Gibeá, o que Saul acusou seus homens de fazerem? (22:8)**

1. De conspirarem contra Saul.
2. De não lhe informarem que seu filho havia feito um acordo com o filho de Jessé.
3. De não se preocuparem com Saul.
4. **Todas as opções acima.**

4 **Como Saul reagiu depois que o edomita Doegue lhe contou que Aimeleque havia ajudado a Davi? (22:10-11)**

1. **Ele mandou chamar Aimeleque e toda a sua família.**
2. Ele lançou sua espada em Doegue, o edomita.
3. Ele mandou seus homens voltarem para casa.
4. Todas as opções acima.

5 **De acordo com Saul, o que acontecerá com Aimeleque e toda a família de seu pai? (22:16)**

1. Eles serão promovidos no reino de Saul.

2. Eles serão escravos.

3. Eles morrerão.

4. Eles serão recompensados com riquezas.

6 **Quem se recusou a seguir as ordens de Saul e matar os sacerdotes? (22:17)**

1. O edomita Doegue

2. Os guardas de Saul

3. Davi

4. Jônatas

7 **Quem contou para Davi sobre a matança dos sacerdotes? (22:20-21)**

1. Abiatar, filho de Aimeleque

2. Aitube, filho de Abiatar

3. Aimeleque, filho de Aitube

4. Jônatas, filho de Saul

8 **O que Davi disse a Abiatar? (22:22-23)**

1. "Eu sabia que ele [Doegue, o edomita] não deixaria de levar a informação a Saul".

2. "Sou responsável pela morte de toda a família de seu pai".

3. "Você estará a salvo comigo".

4. Todas as opções acima.

9 **O que Jônatas fez por Davi em Horesa? (23:16)**

1. Levou comida para ele

2. Ajudou-o a encontrar forças em Deus

3. Disse para ele como escapar

4. Deu-lhe uma carruagem

10 **Complete o versículo: "O Senhor é bom, um refúgio em . . ." (Naum 1:7)**

1. ". . . águas turbulentas. Ele lhe guiará pelas tempestades".

2. ". . . tempos de angústia. Ele protege os que nele confiam".

3. ". . . tempos difíceis. Ele redime aqueles que colocam sua confiança nEle".

4. ". . . todo o tempo. Ele leva Seus filhos sob Suas asas".

Versículo para Memorização

"Não se deixem vencer pelo mal, mas vençam o mal com o bem" (Romanos 12:21).

Verdade Bíblica

Deus quer que respeitemos as pessoas em posições de autoridade, mesmo quando discordarmos delas.

Foco

Essa lição ajudará as crianças a aprenderem que Deus não quer que nos vinguemos dos outros. Deus quer que respeitemos as pessoas em posições de autoridade.

Dica de Ensino

Lembre as crianças de que Deus nunca pedirá que Seu povo viole os Seus princípios. Davi teve uma oportunidade para matar Saul e se tornar rei, mas Davi se recusou a matar um rei que Deus havia escolhido. Davi pediu para Deus resolver o problema.

ESTUDO 14

1 Samuel 24:1-22

COMENTÁRIO BÍBLICO

Leia 1 Samuel 24:1-22. Alguém disse a Saul que Davi estava no deserto de En-Gedi. Saul foi com 3.000 homens procurar Davi. Saul entrou em uma caverna onde Davi se escondia, mas ele não sabia que Davi estava lá.

Silenciosamente, Davi foi até Saul e cortou uma ponta do manto de Saul. Entretanto, Saul não percebeu que Davi havia cortado o seu manto. Alguns dos soldados que estavam com Davi achavam que Davi devia matar a Saul, mas Davi se recusou a fazer isso. Davi disse aos seus soldados que ele não mataria uma pessoa que foi ungida por Deus para ser rei.

Davi saiu da caverna e gritou para Saul. Davi inclinou-se, rosto em terra, para saudar o rei. Davi disse a Saul que Saul não deveria dar ouvidos as pessoas que diziam que Davi planejava fazer algum mal ao rei. Davi mostrou a Saul o pedaço de seu manto. Quando Saul percebeu que Davi tinha um pedaço de seu manto em suas mãos, Saul entendeu que Davi não planejava matá-lo.

Quando Davi escolheu poupar a vida de Saul, Davi honrou a Deus. Davi também demonstrou um comportamento que agradava a Deus ao honrar Saul, seu líder, mesmo no meio de um conflito com ele. Saul entendeu que Deus havia escolhido Davi para ser o próximo rei dos israelitas.

CARACTERÍSTICAS DE DEUS

+ Deus não quer que busquemos nos vingar dos outros.
+ Deus quer que respeitemos as pessoas em posições de autoridade.

PALAVRAS DE NOSSA FÉ

Justo significa ter um relacionamento correto com Deus e viver de tal forma que nossos pensamentos, palavras e ações agradem a Deus.

PESSOAS

Ungido do Senhor é uma pessoa escolhida por Deus. Saul foi ungido por Deus para ser o rei.

Descendentes são os filhos, netos, bisnetos e etc., de uma pessoa.

LUGARES

Rochedos dos Bodes Selvagens é um penhasco íngreme e rochoso no deserto de En-Gedi.

COISAS

Um juramento é uma promessa ou voto.

Fortaleza é um lugar seguro.

Inclinar-se, rosto em terra é o mesmo que prostrar-se. Ao fazer isso, Davi mostrou que ele honrava Saul.

ATIVIDADE

Para essa atividade, você precisará do seguinte:

+ Um tecido
+ Tesouras

Antes das crianças chegarem, corte um pequeno pedaço de tecido para cada uma. Escolha um lugar para brincar de esconde-esconde.

Coloque os pedaços de tecido em uma pilha ou em uma caixa em um local central. Selecione um lugar diferente para ser o pique (lugar onde os que estão se escondendo podem estar seguros).

Diga: **Vamos brincar de esconde-esconde.** Escolha uma criança para contar e procurar. As outras crianças irão se esconder. O alvo para as crianças que se escondem é pegar um pedaço de tecido e voltar com segurança para o pique. A criança que estiver contando, contará até 20 enquanto os ou-

tros se escondem. Então, ela sairá para procurar as outras crianças. Quem conta não pode ficar o tempo todo perto dos pedaços de tecido nem perto do pique.

Se a criança que contou encontrar outra criança, a criança encontrada deverá tentar fugir e a que contou tentará pegá-la. Quando quem contou pega uma criança, aquela criança fica fora do resto do jogo. Quando todas as crianças voltarem para a base ou forem pegas por quem contou, o jogo termina. Se houver tempo, faça a bricadeira novamente com uma nova criança contando.

Diga: **Hoje aprenderemos sobre alguém que se escondeu e cortou a ponta do manto de uma pessoa.**

LIÇÃO BÍBLICA

Prepare a história a seguir, adaptada de 1 Samuel 24:1-22, antes de contá-la para as crianças.

Saul soube que Davi estava no deserto de En-Gedi. Então, Saul levou três mil dos seus melhores soldados e foi procurar Davi e seus soldados perto dos rochedos dos Bodes Selvagens.

No caminho, Saul parou um pouco em uma caverna. Davi e seus soldados estavam bem no fundo da caverna. Enquanto Saul fazia as suas necessidades, Davi e seus homens o descobriram.

Os soldados de Davi disseram: "Este é o dia sobre o qual o Senhor lhe falou: 'Entregarei nas suas mãos o seu inimigo para que você faça com ele o que quiser'". Os soldados viram que essa era a oportunidade para Davi atacar Saul enquanto ele estava vulnerável.

Então, Davi foi cuidadosamente para perto de Saul e ele cortou uma ponta do manto de Saul. Depois disso, Davi se sentiu

mal por ter cortado uma ponta do manto de Saul. Ele disse para os seus soldados: "Que o Senhor me livre de fazer tal coisa para o meu senhor, pois é o ungido do Senhor".

Davi respeitava a Deus e o homem que Deus escolheu para ser o primeiro rei de Israel. Por causa disso, Davi não feriu Saul. Davi reprovou seus soldados e se recusou a permitir que eles atacassem Saul. Depois de um tempo, Saul saiu da caverna.

Quando Davi saiu da caverna, ele gritou para Saul: "Ó rei, meu senhor!" Davi inclinou-se diante de Saul, rosto em terra. Davi deixou sua posição de segurança e se aproximou de Saul. Ele demonstrou uma lealdade completa a Saul quando ele se humilhou diante do seu rei.

Davi disse a Saul: "Por que o rei dá atenção aos que dizem que eu pretendo fazer-lhe mal? Hoje o Senhor o entregou em minhas mãos na caverna. Eu tive a oportunidade de matá-lo. Ao invés disso, eu disse: 'Não erguerei a mão contra o meu senhor, pois ele é o ungido do Senhor'".

Davi mostrou a Saul o pedaço do manto de Saul. Davi também disse: "Olha, meu pai, olha para esse pedaço de teu manto em minha mão! Cortei a ponta de teu manto, mas não te matei. O Senhor julgue entre mim e ti, mas não levantarei a mão contra ti".

Davi jurou que ele não exterminaria violentamente o reino de Saul, mesmo que Saul quisesse matá-lo. Ao invés disso, Davi prometeu que esperaria pacientemente por Deus para cumprir sua promessa de dar o reino para Davi.

Quando Davi acabou de falar isso, Saul perguntou: "É você, meu filho Davi?" E Saul chorou em alta voz.

Saul disse a Davi: "Você é mais justo do que eu. Você me tratou bem, mas eu o tratei mal. O Senhor o recompense com o bem, pelo modo como você me tratou hoje. Agora tenho certeza de que você será rei. Portanto, jure-me que você não eliminará meus descendentes nem o nome da família de meu pai'".

Davi fez um juramento a Saul. Então, Saul voltou para casa, mas Davi e seus homens foram para a fortaleza. Davi não voltou para estar sob a liderança de Saul. Ele esperou até o momento certo para voltar como o próximo rei de Israel.

Anime as crianças a responderem as seguintes perguntas. Não há respostas certas ou erradas. Essas perguntas ajudarão as crianças a entenderem a história e a aplicarem em suas vidas.

1. Se você fosse Davi, o que você faria se você tivesse a oportunidade de machucar Saul?

2. Os soldados de Davi disseram para ele que Deus disse que entregaria Saul nas mãos de Davi. A Bíblia não diz que Deus disse isso. Por que será que os soldados disseram isso a Davi?

3. O que influenciou a decisão de Davi de não ferir Saul? Como Davi se sentiu depois que ele cortou a ponta do manto de Saul? Por que será que ele se sentiu assim?

4. Como Saul reagiu quando Davi lhe mostrou um pedaço de seu manto? Como você reagiria no lugar de Saul?

5. Você acha que seria fácil obedecer alguém em uma posição de autoridade que lhe tratou mal? O que você faria?

Diga: **Uma pessoa em posição de autoridade é alguém que tem poder. Por que é importante respeitar pessoas em posição e autoridade? O que pode acontecer se não respeitarmos os que estão em posição de autoridade? Podemos discordar de alguém que está numa posição de autoridade, mas Deus ainda assim quer que respeitemos essa pessoa.**

VERSÍCULO PARA MEMORIZAÇÃO

Pratique o versículo para memorização da lição. Você encontrará sugestões na página 139.

ATIVIDADES ADICIONAIS

Escolha algumas dessas opções para incrementar o estudo bíblico das crianças.

1. Leia essas passagens sobre autoridade: Romanos 13:1-7; Hebreus 13:7; Mateus 22:15-22; Daniel 6:1-28. Pergunte: **Por que Deus nos manda obedecer a quem tem autoridade? Como podemos demonstrar respeito por aqueles em posições de autoridade? O que acontecerá se não obedecermos os que estão em posição de autoridade? Deus já pediu para alguém desobedecer as pessoas em autoridade? Por que Daniel desobedeceu as autoridades?**

2. Faça uma linha do tempo do relacionamento de Davi com Saul. Desenhe símbolos que representem os momentos de tensão e os momentos de paz entre eles.

ANOTAÇÕES:

PERGUNTAS PARA COMPETIÇÃO
(NÍVEL BÁSICO)

Para preparar as crianças para competição, leia para elas 1 Samuel 24:1-22.

1 Quem entrou na caverna onde Davi e seus soldados estavam se escondendo? (24:3)

1. Saul
2. Jônatas
3. Samuel

2 O que Davi fez com Saul na caverna? (24:4)

1. Ele abraçou Saul.
2. Ele cortou uma ponta do manto de Saul.
3. Ele bateu em Saul.

3 O que Davi não permitiu que seus soldados fizessem enquanto eles estavam se escondendo na caverna? (24:7)

1. Atacassem Saul
2. Saíssem da caverna
3. Se unissem a Saul

4 Qual foi a primeira coisa que Davi disse a Saul depois de sair da caverna? (24:8)

1. "Você maltratou seu servo!"
2. "Agora eu lutarei com você!"
3. "Ó rei, meu Senhor!"

5 O que Davi mostrou a Saul depois que Saul deixou a caverna? (24:11)

1. Uma flor
2. Um pedaço do manto de Saul
3. Um faca

6 Como Saul reagiu depois que Davi falou com ele fora da caverna? (24:16)

1. **Saul chorou em alta voz.**
2. Saul amaldiçoou seu próprio nome.
3. Saul orou.

7 Quem disse: "Você me tratou bem, mas eu o tratei mal"? (24:17)

1. **Saul**
2. Davi
3. Samuel

8 De acordo com Saul, quem será o próximo rei de Israel? (24:20)

1. Salomão
2. **Davi**
3. Jônatas

9 Que juramento Davi fez a Saul? (24:21-22)

1. **Davi não eliminará os descentendes de Saul nem fará desaparecer seu nome.**
2. Davi não lutará contra Saul.
3. Davi ficará longe de Saul.

10 Para onde Davi e seus soldados foram depois que Davi fez o juramento a Saul? (24:22)

1. Para a sua casa
2. **Para a fortaleza**
3. Para a caverna

PERGUNTAS PARA COMPETIÇÃO
(NÍVEL AVANÇADO)

Para preparar as crianças para a competição, leia para elas 1 Samuel 24:1-22.

1 Onde Saul procurou por Davi quando Davi estava no deserto de En-Gedi? (24:1-2)

1. No Vale da Ovelha Perdida
2. **Nos rochedos dos Bodes Selvagens**
3. No alto do Lobo Solitário
4. No pico do Leão Covarde

2 O que os soldados de Davi disseram para ele quando eles descobriram que Saul estava na caverna? (24:4)

1. "Não seja tolo".
2. "Seja forte. O Senhor estará com você".
3. "Quieto! Ele vai te ouvir".
4. **"Este é o dia sobre o qual o Senhor lhe falou: 'Entregarei nas suas mãos o seu inimigo'".**

3 Como Davi se sentiu depois de cortar o manto de Saul? (24:5)

1. Poderoso
2. Empolgado
3. Com medo
4. **Com remorso**

4 O que Davi disse aos seus soldados depois que ele cortou o manto de Saul? (24:6)

1. **"Que o Senhor me livre de fazer tal coisa a meu senhor."**
2. "O Senhor entregou o inimigo em minhas mãos hoje".
3. "Que a vontade do Senhor seja feita".
4. "Estou surpreso dele não ter me visto. O Senhor me protegeu".

5 O que Davi fez depois de ter saído da caverna e chamado Saul? (24:8)

1. Davi chorou em alta voz.
2. Davi inclinou-se, rosto em terra.
3. Davi prometeu servir Saul enquanto ele vivesse.
4. Davi prometeu servir o Senhor enquanto ele vivesse.

6 O que Davi disse a Saul depois que ele saiu da caverna? (24:9-11)

1. "Por que o rei dá atenção aos que dizem que pretendo fazer-lhe mal?'"
2. "Disse: 'Não erguerei a mão contra o meu senhor, pois ele é ungido do Senhor'".
3. "Cortei a ponta de teu manto, mas não te matei".
4. Todas as opções acima.

7 De acordo com Davi, quem vingará os males que Saul fez para ele? (24:12)

1. Davi
2. O Senhor
3. Os soldados de Davi
4. Jônatas

8 Que velho ditado Davi disse para Saul? (24:13)

1. "Dos ímpios vêm coisas ímpias".
2. "Não cuspa no prato que comeu".
3. "Uma mão lava a outra".
4. "O mal jaz à porta".

9 Quem disse: "O Senhor me entregou em suas mãos, mas você não me matou"? (24:18)

1. Saul
2. Davi
3. O capitão de Saul
4. O capitão de Davi

10 Complete o versículo: "Não se deixem vencer . . ." (Romanos 12:21)

1. ". . . pelas coisas desse mundo, mas sempre evitem o mal".
2. ". . . pela alegria, mas deixem de lado a felicidade para ficarem fortes".
3. ". . . pelas coisas más, mas superem tudo com a força da sua fé".
4. ". . . pelo mal, mas vençam o mal com o bem".

Versículo para Memorização

"Façam todo o possível para viver em paz com todos" (Romanos 12:18).

1 Samuel 25:1-42

Verdade Bíblica

Deus quer que sejamos pacificadores.

Foco

Nesse estudo, as crianças aprenderão que Deus nos encoraja a sermos pacificadores. Podemos ajudar os outros quando eles estiverem em situações difíceis. Podemos buscar a ajuda de Deus para tomar decisões sábias quando ajudamos os outros a resolverem problemas.

Dica de Ensino

Ao interagir com seus amigos e familiares, as crianças têm a oportunidade de ajudar os outros na resolução de problemas. Motive as crianças a buscarem a direção de Deus quando elas forem ajudar os outros. Deus quer que sejamos pacificadores com a Sua ajuda. Existem problemas que as crianças não têm condições de resolver. Entretanto, elas podem orar para que Deus ajude as outras pessoas.

COMENTÁRIO BÍBLICO

Leia 1 Samuel 25:1-42. Davi enviou mensageiros a Nabal, um homem rico, para pedirem comida e suprimentos para Davi e seus homens. Davi foi bondoso e protegeu os pastores de Nabal quando Davi esteve em Carmelo. Já que era tempo de tosquear as ovelhas, geralmente tinha comida extra e suprimentos disponíveis.

Nabal rejeitou o pedido de Davi. Nabal mostrou que ele era ingrato, ganancioso e desobediente aos mandamentos de Deus a respeito da hospitalidade. Nabal não respeitou a Davi como o ungido de Deus. Quando Davi recebeu as notícias sobre Nabal, Davi se preparou para matar todas as pessoas do sexo masculino que pertencessem a Nabal.

A esposa de Nabal, Abigail, não era como o seu marido. Abigail era inteligente, educada e generosa. Abigail levou presentes para Davi e ela pediu para Davi perdoar o esposo dela. Davi aceitou os presentes de Abigail e ele a abençoou por ter evitado que ele cometesse um pecado terrível. Davi e Abigail concordaram em colocar a situação nas mãos de Deus. Nabal, depois de algum tempo, morreu e Abigail tornou-se esposa de Davi. As ações de Abigail como pacificadora trouxeram bênçãos de Deus.

CARACTERÍSTICAS DE DEUS

- Deus quer que sejamos pacificadores.
- Deus abençoa aqueles que agem com bondade para com os outros.

PESSOAS

Nabal era um rico proprietário de ovelhas.

Abigail era a viúva de Nabal. Ela tornou-se esposa de Davi.

LUGARES

Ramá era o local de nascimento, o lar e o local onde enterraram Samuel.

Maom era uma cidade em Judá. Estava perto de Carmelo.

Carmelo era uma cidade há aproximadamente 21 quilômetros à oeste do Mar Morto.

ATIVIDADE

Diga: **Um pacificador é alguém que ajuda as pessoas a resolverem suas desavenças. Abigail foi uma pacificadora entre Davi e sua família. Hoje vamos aprender sobre os pacificadores.**

Motive as crianças a pensarem sobre alguns problemas que elas enfrentam em seus relacionamentos. Alguns exemplos podem ser: Seu amigo espalhou um boato sobre você; Seu melhor amigo está chateado com você, porque passou mais tempo com uma nova pessoa na escola, etc.

Peça para as crianças encenarem essas situações. Como grupo, decidam como uma criança pode ser pacificadora. Fale sobre as diferentes formas de ser um pacificador. Enfatize que alguns problemas são muito difíceis para uma criança resolver sem a ajuda de um adulto. Forneça exemplos de momentos em que as crianças devem pedir ajuda a um adulto.

LIÇÃO BÍBLICA

Prepare a história a seguir, adaptada de 1 Samuel 25:1-42, antes de contá-la para as crianças.

Samuel morreu, e todo o Israel se reuniu e chorou por ele. Eles enterraram Samuel em Ramá, onde ele havia vivido.

Depois Davi foi para o deserto de Maom. Havia um homem em Maom chamado Nabal.

Ele era muito rico. Sua esposa, Abigail, era uma mulher inteligente e bonita. Entretanto, Nabal era mau.

Davi enviou dez rapazes a Nabal para abençoá-lo e levarem saudações de Davi. Os rapazes lembraram Nabal que, quando seus pastores estavam com os soldados de Davi, eles não os maltrataram. Em troca disso, os rapazes enviados por Davi pediram a Nabal comida e água.

Nabal disse que ele não sabia quem era Davi. Ele não estava disposto a compartilhar nada com Davi e seus soldados. Nabal comparou Davi e seus homens com servos que se rebelaram contra seus mestres.

Os rapazes de Davi voltaram e relataram cada palavra. Davi disse para os seus soldados prepararem-se e colocarem suas espadas nas cinturas. Quatrocentos homens saíram com Davi para se vingar.

Um dos servos de Nabal contou a Abigail o que havia acontecido entre os mensageiros de Davi e Nabal. O servo também disse para Abigail que Nabal havia insultado Davi.

Abigail pegou pão, vinho, ovelhas, grãos e outras comidas e as carregou em jumentos. Ela disse para seus servos irem na frente para encontrar Davi e ela os seguiria. Ela não disse nada a Nabal.

No caminho, Abigail encontrou com Davi e seus soldados. Abigail prostrou-se diante de Davi e ela pediu que ele não desse atenção a Nabal. Ela disse que Nabal era como o nome dele, que quer dizer insensato. Ela apresentou os presentes a Davi e pediu que ele perdoasse a ofensa de Nabal.

Davi disse a Abigail: "Bendito seja o Senhor, o Deus de Israel, que hoje a enviou ao meu encontro." Davi aceitou os presentes

que Abigail levou para ele. Davi lhe disse que ela o impediu de derramar sangue naquele dia.

Na manhã seguinte, Abigail contou a Nabal tudo que aconteceu. Quando Nabal ouviu essas coisas, sofreu um ataque e ficou paralisado. Dez dias depois, Nabal morreu.

Quando Davi soube da morte de Nabal, ele louvou a Deus. Então, Davi enviou uma mensagem a Abigail, e ele pediu para ela se tornar sua esposa. Abigail montou num jumento e foi ser esposa de Davi.

Anime as crianças a responderem as seguintes perguntas. Não há respostas certas ou erradas. Essas perguntas ajudarão as crianças a entenderem a história e a aplicarem em suas vidas.

1. O nome de Nabal queria dizer "insensato". Que decisão ele tomou nessa história que foi insensata?

2. Abigail era pacificadora. Um pacificador é alguém que ajuda as pessoas a resolverem suas desavenças. Como Abigail levou a paz nessa história bíblica?

3. Como é que o versículo para memorização de hoje, Romanos 12:18, se relaciona com essa história?

Diga: **Deus quer que o Seu povo seja pacificador. Quando você tenta ser um pacificador, você pode descobrir que algumas desavenças são muito difíceis para resolver sozinho. Quando isso acontecer, encontre uma pessoa sábia para lhe ajudar a levar a paz e resolver a questão. Você pode começar a ser um pacificador hoje. Pense em algumas desavenças que você pode ajudar as pessoas a resolverem. Não esqueça de pedir a Deus por Sua sabedoria e ajuda.**

VERSÍCULO PARA MEMORIZAÇÃO

Pratique o versículo para memorização da lição. Você encontrará sugestões na página 139.

ATIVIDADES ADICIONAIS

Escolha algumas dessas opções para incrementar o estudo bíblico das crianças.

1. **Abigail foi uma heroína. Ela ajudou Davi em um momento de necessidade.** Pergunte: **Quem é seu herói ou heroína? Pode ser alguém em sua vida que tem demonstrado compaixão e tem ajudado os outros. Escreva um cartão de agradecimento ou faça um cartaz sobre essa pessoa para mostrar que você admira o seu herói ou heroína.**

2. **Abigail foi pacificadora entre sua família e Davi.** Leia Atos 9:26-31. **Como Barnabé foi um pacificador?** Leia Atos 6:1-7. **Como os doze discípulos resolveram o problema com as viúvas.**

ANOTAÇÕES:

PERGUNTAS PARA COMPETIÇÃO
(NÍVEL BÁSICO)

Para preparar as crianças para competição, leia para elas 1 Samuel 25:1-42.

1 O que todo o Israel fez quando Samuel morreu? (25:1)

1. Edificou um memorial para ele
2. **Pranteou por ele**
3. Se alegrou

2 Como a Bíblia descreve Nabal? (25:2-3)

1. **Um homem rico de Maom que era rude e mau**
2. Um homem pobre de Belém
3. Um rei rico

3 Como a Bíblia descreve Abigail? (25:3)

1. Quieta e cuidadosa
2. **Inteligente e bonita**
3. As duas resposas estão corretas

4 Enquanto Davi estava no deserto, o que ele ouviu que Nabal estava fazendo? (25:4)

1. Colhendo o trigo
2. **Tosqueando as ovelhas**
3. Cuidando de sua vinha

5 Qual foi a resposta de Nabal aos servos de Davi? (25:10-11)

1. "Quem é Davi?"
2. "Por que deveria eu pegar meu páo e minha água… e dá-los?"
3. **As duas respostas estão corretas.**

6 Quem contou a Abigail que Nabal tinha insultado Davi? (25:14)

1. **Um servo**
2. Um dos soldados de Davi
3. Davi

7 Quem disse para Davi não dar atenção a Nabal? (25:25)

1. **Abigail**
2. O servo de Abigail
3. O servo de Davi

8 O que Davi disse para Abigail depois que ela implorou por perdão para Nabal? (25:28-35)

1. "Seja você abençoada pelo seu bom senso".
2. "Ouvi o que você disse e atenderei o seu pedido".
3. **As duas respostas estáo corretas.**

9 O que aconteceu quando Abigail disse a Nabal o que ela havia feito por Davi? (25:37-38)

1. **Ele sofreu um ataque, ficou paralisado e morreu 10 dias depois.**
2. Ele se divorciou dela.
3. Ele ficou feliz por ela ter ajudado Davi.

10 O que Davi pediu para Abigail fazer depois que Nabal morreu? (25:39)

1. Para dar mais comida aos seus soldados
2. **Para tornar-se sua mulher**
3. Para cozinhar para seus soldados

PERGUNTAS PARA COMPETIÇÃO
(NÍVEL AVANÇADO)

Para preparar as crianças para a competição, leia 1 Samuel 25:1-42 para elas.

1 Que tipo de homem era Nabal? (25:3)

1. Bem-humorado e alegre
2. **Rude e mau**
3. Bondoso e justo para com todos
4. Todas as opções acima

2 O que Davi disse para os seus 10 rapazes dizerem a Nabal? (25:5-8)

1. "Longa vida para o senhor!"
2. "Quando os seus pastores estavam conosco, nós não os maltratamos".
3. "Por favor, dê a nós, seus servos, e a seu filho Davi o que puder".
4. **Todas as opções acima.**

3 Como Nabal respondeu ao pedido de Davi? (25:10-11)

1. "Quanto de comida você precisa?"
2. "Não consigo alimentar tantos homens assim".
3. "Pergunte a minha esposa sobre isso".
4. **"Por que deveria eu pegar meu pão e minha água, e a carne... e dá-los a homens que vêm não se sabe de onde?"**

4 Como Davi reagiu quando seus soldados lhe contaram o que Nabal havia dito? (25:12-13)

1. Davi pediu sabedoria a Deus.
2. **Davi disse aos seus homens: "Ponham suas espadas na cintura!"**
3. Davi disse: "Matem aquele homem mau".
4. Davi perguntou sobre a família de Nabal.

5 O que Abigail fez quando ela soube o que Nabal havia feito a Davi? (25:18-20)

1. Ela implorou para Nabal dá-lhes comida.
2. Ela concordou com Nabal.
3. **Ela carregou comida nos jumentos e levou até Davi.**
4. Ele pediu para Davi se encontrar com ela.

6 O que Davi estava dizendo bem antes de Abigail encontrar com ele? (25:21)

1. "Eu mesmo vou falar com Nabal".
2. **"Ele me pagou o bem com o mau".**
3. "Vamos roubar as ovelhas de Nabal".
4. Todas as opções acima.

7 Quando Nabal morreu? (25:36-38)

1. Dez anos depois de ter recusado ajudar Davi.
2. Quando Abigail lhe disse que ele era insensato.
3. **Dez dias depois de Abigail ter dito a ele que ela havia ajudado Davi.**
4. Antes de Abigail voltar para casa depois de seu encontro com Davi.

8 Quando Davi disse: "Bendito seja o Senhor, que defendeu a minha causa contra Nabal"? (25:39)

1. Quando ele recebeu os presentes de Abigail
2. Quando ele se casou com Abigail
3. Quando ele ouviu que Nabal havia perdido todo o seu rebanho
4. **Quando ele soube que Nabal havia morrido**

9 Quem viajou com Abigail quando ela foi para tornar-se mulher de Davi? (25:42)

1. Um jumento
2. Cinco servas
3. Os mensageiros de Davi
4. **Todas as opções acima.**

10 Complete o versículo: "Façam todo o possível . . ." (Romanos 12:18)

1. ". . . para encontrar formas de garantir a justiça quando vocês forem vítimas".
2. ". . . para viver uma vida de paz".
3. **". . . para viver em paz com todos".**
4. ". . . para buscar a paz mundial".

Versículo para Memorização

"Ó Soberano Senhor, Tu és Deus! Tuas palavras são verdadeiras, e tu fizeste essa boa promessa ao teu servo" (2 Samuel 7:28).

Verdade Bíblica

Deus faz o que Ele diz que fará.

Foco

Deus recompensa aqueles que O obedecem. Ele sempre cumpre com as Suas promessas.

Dica de Ensino

Alguns aspectos da história de Davi podem confundir as crianças. O mais importante para as crianças saberem é que Deus manteve Sua promessa a Davi. Através da paciência e obediência de Davi, Deus cumpriu a Sua promessa de que Davi seria o próximo rei. Lembre as crianças que Deus também cumpre com Suas promessas hoje.

1 Samuel 31:1-6; 2 Samuel 2:1-17; 3:1; 5:1-5

COMENTÁRIO BÍBLICO

Leia 1 Samuel 31:1-6; 2 Samuel 2:1-17; 3:1; 5:1-5. Os filisteus atacaram e derrotaram os israelitas. Na luta, os filisteus mataram Jônatas e seus irmãos, e eles feriram Saul. Para evitar dor maior, Saul cometeu suicídio.

A tribo de Judá ungiu a Davi como seu rei. As tribos do norte de Israel não aceitaram a Davi como rei. Abner, comandante do exército de Saul, indicou o filho de Saul, Is-Bosete, para ser o próximo rei dos israelitas. Davi lutou com Is-Bosete pelo direito de ser rei sobre todos os israelitas, porque Deus não havia ungido Is-Bosete.

Depois da morte de Is-Bosete, as tribos do norte pediram para Davi ser o rei deles. Davi tornou-se rei sobre todos os israelitas. Apesar das dificuldades que Davi enfrentou, ele perseverou e Deus cumpriu com a promessa que Ele havia feito a Davi.

CARACTERÍSTICAS DE DEUS

+ Deus recompensa aqueles que O obedecem.
+ Deus sempre cumpre com as Suas promessas.

PESSOAS

Abner era o comandante do exército de Saul.

Is-Bosete era filho de Saul. Abner o proclamou rei de Israel.

Joabe era o comandante do exército de Davi.

LUGARES

Monte Gilboa era a crista de uma montanha, cerca de 30 quilômetros a oeste do Rio Jordão.

Hebrom era uma cidade ao sudoeste de Jerusalém. Davi morou ali quando foi rei de Judá por sete anos e seis meses.

A tribo de Judá era uma das duas nações que as tribos de Israel formavam. A nação de Judá reconheceu a Davi como rei. Israel reconheceu Is-Bosete como o rei.

ATIVIDADE

Antes das crianças chegarem, prepare um lugar grande para elas correrem. Essa atividade funciona melhor do lado de fora ou em um salão grande.

Instrua as crianças a fazerem uma fila a cerca de 40 metros de distância de você. Se você brincar em uma sala grande, instrua as crianças a fazerem uma fila encostada na parede. Você deverá ficar na parede oposta. Enquanto você estiver de pé, olhando para as crianças, elas devem continuar em seus lugares. Quando você virar de costas para as crianças, elas devem se mover na sua direção. Entretanto, assim que você se virar de frente para elas novamente, elas devem parar imediatamente. Se você observar qualquer criança se movendo, você mandará aquela criança voltar para a linha de começo. Continue virando para trás e para frente até que uma criança toque seu braço gentilmente. Repita o jogo se o tempo permitir.

Diga: **Durante a brincadeira, vocês esperavam que eu virasse para poderem caminhar até a mim. Davi esperou também. Davi esperou Deus cumprir com a Sua promessa de fazê-lo rei.**

LIÇÃO BÍBLICA

Prepare a história a seguir, adaptada de 1 Samuel 31:1-6; 2 Samuel 2:1-17; 3:1; 5:1-5, antes de contá-la para as crianças.

Os filisteus lutaram com os israelitas. Muitos israelitas morreram no monte Gilboa. Os filisteus mataram três dos filhos de Saul: Jônatas, Malquisua e Abinadabe. Is-Bosete foi o único filho de Saul que sobreviveu. Ele não participou dessa batalha.

A batalha em torno de Saul foi violenta e os flecheiros filisteus o feriram gravemente.

Saul sabia que sua ferida o mataria em breve. Então, ele disse para seu escudeiro matá-lo para que os filisteus não o capturassem nem abusassem dele. Entretanto, seu escudeiro ficou apavorado e não quis matar Saul. Então, Saul pegou sua própria espada e se matou.

Quando o escudeiro viu que Saul estava morto, ele também se matou. O escudeiro se matou para mostrar sua lealdade a Saul. Então, Saul, seus três filhos, seu escudeiro e os seus soldados morreram naquele dia.

Depois da morte de Saul, a nação de Israel não concordou sobre quem deveria ser o rei. Davi perguntou ao Senhor para onde ele deveria ir. O Senhor disse para Davi ir para Hebrom, uma cidade de Judá. Então, os homens de Judá foram a Hebrom, e eles ungiram a Davi como o rei da tribo de Judá. Mas as tribos do norte ainda não eram leais a Davi.

Davi soube que os habitantes de Jabes-Gileade tinham sepultado a Saul. Ele enviou-lhes mensageiros para dizer: "O Senhor os abençoe pelo seu ato de lealdade, dando sepultura a Saul, seu rei". Davi queria que essa bênção demonstrasse sua lealdade a Saul para conseguir alguma aproximação com as tribos do norte de Israel. Davi apelou para que eles o reconhecessem como o sucessor natural de Saul.

Enquanto isso, Abner, comandante do exército de Saul, proclamou Is-Bosete, filho de Saul, rei sobre a nação de Israel. En-

quanto Davi pedia consistentemente pela direção do Senhor, Abner foi quem escolheu fazer de Is-Bosete rei sobre a nação de Israel.

Is-Bosete tinha quarenta anos quando ele se tornou rei de Israel, e ele reinou por dois anos. Entretanto, a tribo de Judá escolheu a Davi para ser seu rei.

A divisão de Israel causou tensão e violência. Os soldados de Abner e Is-Bosete foram para Gibeom. Joabe e os soldados de Davi os encontraram no açude de Gibeom. Abner e Joabe concordaram em ter doze soldados de cada lado lutarem na frente de todos eles. Todos os vinte e quatro homens morreram. Então, a batalha ficou bem violenta. Os soldados de Davi derrotaram Abner e os soldados de Israel.

A guerra entre as famílias de Saul e as família de Davi durou muito tempo. Davi e seus soldados ficavam cada vez mais fortes, enquanto que a família de Saul se enfraquecia.

Entretanto, Davi nunca tomou o reino do norte à força. Quando os membros do seu exército mataram Abner e Is-Bosete, Davi lamentou as suas mortes. Davi via o reino como um presente que ele não deveria tomar à força. Ele esperou para que Deus lhe desse o reinado.

Depois que Is-Bosete morreu, todas as tribos de Israel vieram a Davi em Hebrom e disseram: "Somos sangue do teu sangue. Você nos liderou em nossas batalhas. Também, o Senhor disse que você pastorearia todo o povo de Israel". Então, as tribos do norte pediram para Davi ser o rei deles.

Davi fez um acordo perante o Senhor com as tribos do norte em Hebrom. Então, eles ungiram a Davi como rei sobre todo o povo de Israel.

Davi tinha trinta anos de idade quando começou a reinar e ele reinou por quarenta anos. Em Hebrom, ele reinou sobre Judá por sete anos e meio. Em Jerusalém, ele reinou sobre todo Israel e Judá por trinta e três anos.

Anime as crianças a responderem as seguintes perguntas. Não há respostas certas ou erradas. Essas perguntas ajudarão as crianças a entenderem a história e a aplicarem em suas vidas.

1. **Quem morreu na batalha do monte Gilboa? Por que Saul decidiu cometer suicídio? Você acha que Saul foi sábio em se matar?**

2. **Leia 2 Samuel 2:1. O que a pergunta de Davi a Deus nos diz sobre o relacionamento dele com Deus? Como a resposta de Davi a Deus é diferente das respostas anteriores de Saul a Deus?**

3. **As tribos do norte não apoiaram Davi para ser a rei deles. Quem Abner indicou para ser rei? Por que será que Abner o escolheu para ser rei? Vocês acham que Abner tomou a decisão correta quando ele escolheu Is-Bosete para ser rei?**

4. **Quando as famílias de Saul e de Davi lutaram, quem venceu? Por que será que eles venceram?**

Diga: **Deus prometeu que Davi seria o rei. Davi esperou pacientemente em Deus, e ele confiou que Deus manteria Sua palavra. Eventualmente, Davi tornou-se rei. Às vezes, pode acontecer de seus amigos ou familiares não cumprirem com suas promessas. Entretanto, Deus sempre cumpre com Suas promessas. Confie em Deus e seja paciente. Você verá que Deus faz o que Ele diz que fará.**

VERSÍCULO PARA MEMORIZAÇÃO

Pratique o versículo para memorização da lição. Você encontrará sugestões na página 139.

ATIVIDADES ADICIONAIS

Escolha algumas dessas opções para incrementar o estudo bíblico das crianças.

1. Estude essas passagens que descrevem aDavi: 1 Samuel 13:14, 15:28, 16:11-13, 16:18, e 17:33-40. Faça um desenho de como você acha que Davi era. Depois, escreva as características de Davi ao redor da figura.

2. **Deus manteve Sua promessa de que Davi seria o rei de Israel.** Leia sobre outras promessas que Deus manteve em Gênesis 9:8-17, 21:1-7, Êxodo 3:7-8, Jeremias 32:20-23, e Atos 13:21-37. Pergunte: **Quanto tempo algumas dessas pessoas esperaram para Deus cumprir com Sua promessa? Como será que eles se sentiram enquanto esperavam por Deus?** Instrua as crianças a escolherem uma das promessas de Deus e escreverem-na em um papel. Permita que as crianças decorem o papel como quiserem. Diga: **Guardem essa promessa em um lugar especial. Lembre de que Deus sempre cumpre com as Suas promessas.**

ANOTAÇÕES:

PERGUNTAS PARA COMPETIÇÃO
(NÍVEL BÁSICO)

Para preparar as crianças para competição, leia para elas 1 Samuel 31:1-6; 2 Samuel 2:1-17; 3:1; 5:1-5.

1 Quem feriu Saul gravemente? (31:3)

1. Seu escudeiro
2. **Os flecheiros filisteus**
3. Davi

2 O que a tribo de Judá fez quando eles chegaram a Hebrom? (2 Samuel 2:4)

1. Eles pediram para Davi liderar seus exércitos.
2. **Eles ungiram Davi como rei sobre a tribo de Judá.**
3. Eles ungiram Davi como rei sobre todo o Israel.

3 Por que Davi enviou uma mensagem para os habitantes de Jabes-Gileade? (2:4-5)

1. Eles mataram Saul.
2. **Eles enterraram Saul.**
3. Eles perguntaram sobre Saul.

4 Quem Abner, o comandante do exército de Saul, proclamou rei sobre todo o Israel? (2:8-9)

1. **O filho de Saul, Is-Bosete**
2. O filho de Saul, Malquisua
3. O filho de Saul, Abinadade

5 Por quanto tempo o filho de Saul, Is-Bosete, reinou sobre Israel como rei? (2:10)

1. Um ano
2. **Dois anos**
3. Quatro anos

6 Por quanto tempo Davi foi rei em Hebrom sobre a tribo de Judá? (2:11)

1. 40 anos e 7 meses.
2. 2 anos e 7 meses.
3. 7 anos e 6 meses.

7 O que as autoridades de Israel fizeram depois que Davi fez um acordo com eles em Hebrom? (5:3)

1. Elas ungiram Davi como rei sobre Israel.
2. Elas se mudaram para Jerusalém.
3. Elas fizeram um sacrifício a Deus.

8 Quantos anos Davi tinha quando se tornou rei? (5:4)

1. 25 anos de idade
2. 30 anos de idade
3. 33 anos de idade

9 Por quanto tempo Davi reinou? (5:4)

1. 40 anos
2. 45 anos
3. 50 anos

10 Complete o versículo: "Ó Soberano Senhor, Tu és Deus! Tuas palavras são verdadeiras, e tu fizeste. . ." (2 Samuel 7:28)

1. ". . . essa boa promessa ao teu servo".
2. ". . . essas coisas terríveis aos seus filhos".
3. ". . . promessa de estar sempre conosco".

PERGUNTAS PARA COMPETIÇÃO
(NÍVEL AVANÇADO)

Para preparar as crianças para a competição, leia para elas 1 Samuel 31:1-6; 2 Samuel 2:1-17; 3:1; 5:1-5.

1 Quem os filisteus mataram enquanto guerreavam com Saul e seus filhos? (31:2)

1. Jônatas
2. Abinadabe
3. Malquisua
4. Todas as opções acima.

2 Quem Saul mandou matá-lo com sua espada? (31:4)

1. O capitão dos filisteus
2. O filho mais velho de Saul
3. O escudeiro de Saul
4. Davi

3 O que o escudeiro de Saul fez quando ele viu que Saul estava morto? (31:5)

1. Ele contou para as autoridades.
2. Ele se escondeu entre os montes.
3. Ele correu para conseguir ajuda.
4. Ele jogou-se sobre sua espada e morreu com Saul.

4 Quem morreu no mesmo dia que Saul? (31:6)

1. Três filhos de Saul
2. O escudeiro de Saul
3. Todos os soldados de Saul
4. Todas as opções acima.

5 Quem Davi levou consigo depois que o Senhor lhe disse para ir a Hebrom? (2 Samuel 2:2-3)

1. Sua esposa, Ainoá, de Jezreel
2. Sua esposa, Abigail, a viúva de Nabal
3. Os homens que o acompanhavam, cada um com sua família
4. **Todas as opções acima.**

6 Quem encontrou os soldados de Abner e Is-Bosete no açude de Gibeom? (2:12-13)

1. Davi e Is-Bosete
2. As mulheres filistéias e as mulheres israelitas
3. **Joabe e os soldados de Davi**
4. Todas as opções acima.

7 Na guerra entre as famílias de Saul e de Davi, quem tornava-se cada vez mais forte? (3:1)

1. A tribo de Judá
2. A família de Saul
3. A família de Is-Bosete
4. **A família de Davi**

8 Quem disse para Davi em Hebrom: "Somos sangue do teu sangue"? (5:1)

1. Todas as tribos de Judá
2. **Todas as tribos de Israel**
3. As autoridades de Hebrom
4. Os filisteus cativos

9 O que as tribos de Israel lembraram a Davi que o Senhor havia dito a ele? (5:2)

1. "Você deve honrar o sábado e mantê-lo santo".
2. **"Você pastoreará Israel, o Meu povo, e será seu governante".**
3. "Você terá muitos filhos".
4. "Seu nome será grande sobre toda a terra".

10 Por quanto tempo Davi reinou em Jerusalém sobre todo Israel e Judá? (5:5)

1. 20 anos
2. **33 anos**
3. 40 anos
4. 7 anos

Versículo para Memorização

"O Senhor é o meu pastor; de nada terei falta. Em verdes pastagens me faz repousar e me conduz em águas tranquilas; restaura-me o vigor. Guia-me nas veredas da justiça por amor do Seu nome" (Salmo 23:1-3).

Verdade Bíblica

Deus abençoa a nossa obediência a Ele.

Foco

Nesse estudo, as crianças aprenderão que Deus quer que O obedeçamos e que O honremos.

Dica de Ensino

As crianças podem lutar com a questão de obediência. Às vezes, elas acham difícil obedecer professores, pais e outras autoridades. É muito importante que elas obedeçam a Deus. Os israelitas não obedeceram as instruções iniciais de Deus sobre o método que deveriam usar para carregar a arca de Deus. Mesmo tendo sido um acidente, Uzá violou um mandamento. A punição foi dura, mas Deus queria lembrar os israelitas que eles tinham que obedecê-Lo e tinham que tratar a arca e a Deus com respeito.

ESTUDO 17
2 Samuel 5:6—6:19

COMENTÁRIO BÍBLICO

Leia 2 Samuel 5:6—6:19. Jerusalém era perfeita para uma cidade capital. Estava em uma localização central. Seria fácil para os exércitos de Davi defendê-la. Davi viajou para Jerusalém e tomou o controle da cidade das mãos dos jebuseus.

Hirão, rei de Tiro, honrou a Davi como o rei legítimo dos israelitas e construiu um palácio para Davi. Davi entendeu que as bênçãos que ele recebeu de Deus eram devido ao amor de Deus por Israel.

Davi decidiu trazer a arca de Deus para Jerusalém. Mas os israelitas não honraram a Deus com a forma em que eles lidaram com a arca. Os israelitas escolheram colocar a arca num carroção novo ao invés de carregá-la como Deus havia instruído. (Veja 1 Crônicas 15:13-15.) Quando os bois tropeçaram, Uzá esticou o braço para segurar a arca e ele morreu imediatamente. Deus lembrou a Davi e aos israelitas que Ele esperava que eles obedecessem os Seus mandamentos.

CARACTERÍSTICAS DE DEUS

+ Deus, às vezes, faz coisas que nós não entendemos.
+ Deus espera que O respeitemos e que obedeçamos Seus mandamentos.

PALAVRAS DE NOSSA FÉ

Uma bênção é uma ação ou palavras que trazem alegria, contentamento ou algo de bom. Deus abençoou a Davi, por causa de sua obediência a Deus.

PESSOAS

Jebuseus eram pessoas da cidade de Jebus. Jebus era o antigo nome de Jerusalém.

Abinadabe guardou a arca em sua casa depois que os filisteus a devolveram (1 Samuel 7:1).

Uzá e **Aiô** eram os filhos de Abinadabe. Uzá morreu, porque ele tocou na arca.

Obede-Edom ficou com a arca em sua casa por três meses antes de Davi a ter levado para Jerusalém.

LUGARES

Jerusalém foi a cidade escolhida por Davi para ser a capital de Israel.

Cidade de Davi é outro nome para Jerusalém.

O Vale de Refaim era o vale entre Jerusalém e Belém.

ATIVIDADE

Você precisará dos seguintes itens para essa atividade:

+ Dois objetos pequenos, podem ser penas, bolinhas de gude, moedas, bolas de algodão, balões de ar, pedras ou livros

Organize as crianças em duas equipes do mesmo tamanho. Indique uma linha de partida e uma linha de chegada para essa corrida. Dê a cada equipe um objeto pequeno.

Diga: **Quando eu disser para começar, o primeiro corredor de cada fila deve equilibrar o objeto na palma de uma mão e correr até a linha de chegada. Depois, o corredor deverá voltar correndo para a linha de partida. O objeto deve ficar equilibrado na mão até que o corredor chegue de volta na linha de partida. Se o objeto cair, o corredor deve pegar o objeto e começar da linha de partida novamente. Quando o corredor voltar com sucesso para** a linha de partida, o próximo da fila equilibrará o objeto na mão e repetirá a corrida até que todos da fila tenham participado, completando a corrida.

Deixe todas as crianças participarem da corrida. Anime os colegas de equipe a torcerem por sua equipe. Quando a corrida terminar, as equipes devem apertar as mãos parabenizando uns aos outros. Todos que completaram a corrida são vencedores!

Diga: **Foi difícil para alguns de vocês equilibrarem o objeto na palma da mão. Imagine que o objeto que você tinha que equilibrar fosse um tesouro especial. Você teria que carregá-lo com cuidado e respeito. Os israelitas carregaram um tesouro, a arca de Deus. Hoje, aprenderemos sobre uma vez em que um dos israelitas não respeitou a arca de Deus.**

LIÇÃO BÍBLICA

Prepare a história a seguir, adaptada de 2 Samuel 5:6—6:19, antes de contá-la para as crianças.

O rei Davi procurou uma cidade para ser a capital do reino de Israel. Ele gostou de Jerusalém, mas os jebuseus viviam lá. Davi e seus soldados marcharam para Jerusalém para atacar os jebuseus. Eles zombaram de Davi, pois achavam que a fortaleza deles era indestrutível. Entretanto, Davi conquistou Jerusalém e se mudou para a fortaleza. Ele a chamou de Cidade de Davi.

Davi ficou cada vez mais poderoso, porque o Senhor estava com ele. Davi sabia que Deus o havia estabelecido como rei sobre Israel. Hirão, rei de Tiro, construiu um palácio para Davi.

Os filisteus ouviram que Davi era rei de todo Israel, então eles foram atrás de Davi.

Os filisteus estavam no vale de Refaim. Davi soube que eles o estavam procurando. Então, Davi perguntou ao Senhor: "Devo atacar os filisteus?" O Senhor disse: "Vá, Eu os entregarei nas suas mãos". Davi derrotou os filisteus.

Mais uma vez os filisteus marcharam para o vale de Refaim. Então, Davi pediu a Deus direção. O Senhor disse: "Não ataque pela frente, mas vá por trás deles e ataque-os". Davi fez como o Senhor ordenou e ele derrotou os filisteus.

Davi e todos os seus guerreiros foram à casa de Abinadabe para trazer a arca de Deus para a Cidade de Davi. Eles colocaram a arca em um carroção novo, e Uzá e Aiô guiaram o carroção. Davi e os israelitas celebraram.

Um dos bois que carregavam a arca tropeçou. Uzá esticou o braço e segurou a arca de Deus. A ira do Senhor acendeu-se contra Uzá por seu ato de irreverência. Deus fez com que Uzá morresse imediatamente.

Davi ficou triste com a ira do Senhor e teve medo. Davi não queria mais a arca do Senhor com ele na Cidade de Davi. Ele a levou para a casa de Obede-Edom e a arca ficou ali por três meses.

Davi soube que o Senhor estava abençoando a casa de Obede-Edom. Então, Davi trouxe a arca de Deus da casa de Obede-Edom para a Cidade de Davi. Enquanto os sacerdotes entravam a Cidade de Davi com a arca, Davi dançava.

Os sacerdotes colocaram a arca em uma tenda especial e Davi ofereceu holocaustos ao Senhor. Então, Davi abençoou o povo em nome do Senhor e deu a cada pessoa um pão, um bolo de tâmaras e um bolo de uvas passas.

Anime as crianças a responderem as seguintes perguntas. Não há respostas certas ou erradas. Essas perguntas ajudarão as crianças a entenderem a história e a aplicarem em suas vidas.

1. Leia 2 Samuel 5:10. **Como a descrição do relacionamento de Davi com Deus era diferente das descrições que conhecemos do relacionamento de Saul com Deus?**

2. **Por que Uzá morreu? Como será que os israelitas reagiram a Deus depois da morte de Uzá? Como Davi reagiu? O que quer dizer "irreverência"? Por que o que Uzá fez foi irreverente?**

3. **Por que Davi quis levar a arca da casa de Obede-Edom para seu palácio? O que ele fez enquanto ele trazia a arca para Jerusalém?**

Diga: **Os israelitas experimentaram muitas bênçãos de Deus. Eles tinham uma capital e um novo palácio para o rei Davi. Davi estava ansioso para trazer a arca de Deus para Jerusalém. A arca era o símbolo da presença de Deus. Entretanto, os israelitas não obedeceram aos mandamentos de Deus em relação a arca, então eles falharam em honrar a Deus. Deus quer que O obedeçamos e que prestemos honras a Ele em todo o tempo. Se vocês pedirem a Deus, Ele lhes ajudará a honrá-lo.**

VERSÍCULO PARA MEMORIZAÇÃO

Pratique o versículo para memorização da lição. Você encontrará sugestões na página 139.

ATIVIDADES ADICIONAIS

Escolha algumas dessas opções para incrementar o estudo bíblico das crianças.

1. Os versículos para memorização dos próximos três estudos serão do Salmo 23. Forneça uma cartolina ou um papel cartão grande com canetinhas para as crianças escreverem. Incentive as crianças a criarem uma ilustração do Salmo 23 usando figuras no lugar de palavras onde for apropriado.

2. **Davi conquistou Jerusalém e a chamou de Cidade de Davi. Usando uma enciclopédia ou a Internet, pesquise a população, território, relevo, profissões comuns e as moradias típicas de Jerusalém. Faça um quadro de comparação entre como a cidade era durante o tempo de Davi e como ela é hoje.**

ANOTAÇÕES:

PERGUNTAS PARA COMPETIÇÃO
(NÍVEL BÁSICO)

Para preparar as crianças para competição, leia para elas 2 Samuel 5:6—6:19.

1 Como Davi surpreendeu os jebuseus? (5:6-7)

1. Ele tirou a comida e a água deles.
2. **Ele conquistou a fortaleza de Sião.**
3. Ele os libertou.

2 O que os filisteus abandonaram em Baal-Perazim? (5:21)

1. Sua comida e água
2. Seu suprimento
3. **Seus ídolos**

3 O que o Senhor disse na segunda vez que Davi perguntou se ele deveria atacar os filisteus? (5:23)

1. "Corra para a fortaleza e se esconda".
2. **"Dê a volta por trás deles e ataque-os em frente as amoreiras".**
3. "Mande os espias para o acampamento deles e ataque-os".

4 Onde os israelitas colocaram a arca de Deus quando eles a trouxeram de Baalá? (6:3)

1. **Num carroção novo**
2. Em uma tenda
3. No palácio

5 Quem esticou o braço e segurou a arca quando os bois tropeçaram? (6:6)

1. Aiô
2. Abinadabe
3. **Uzá**

6 O que aconteceu com Uzá depois que ele tocou a arca? (6:6-7)

1. Ele foi embora de Israel.
2. **Deus o feriu e ele morreu.**
3. Não aconteceu nada com ele.

7 Por quanto tempo a arca do Senhor permaneceu na casa de Obede-Edom? (6:11)

1. **Três meses**
2. Dois anos
3. Um mês

8 O que Davi fez com a arca quando ele soube que o Senhor abençoou a casa de Obede-Edom? (6:12)

1. Ele a deixou na casa de Obede-Edom.
2. **Ele a levou para a Cidade de Davi, dançando.**
3. Ele a levou para o Monte Sinai para adorar.

9 O que as pessoas ouviram quando a arca do Senhor foi levada para a Cidade de Davi? (6:15)

1. **Gritos de alegria e trombetas**
2. Vaias
3. O som de jarros quebrando

10 O que Davi fez depois que a arca de Deus chegou na tenda? (6:17-18)

1. Ele ofereceu o holocausto e os sacrifícios de comunhão.
2. Ele abençoou o povo em nome do Senhor dos Exércitos.
3. **As duas respostas estão corretas.**

PERGUNTAS PARA COMPETIÇÃO
(NÍVEL AVANÇADO)

Para preparar as crianças para a competição, leia para elas 2 Samuel 5:6—6:19.

1 O que os jebuseus disseram para Davi quando ele e seus soldados marcharam para atacá-los? (5:6)

1. "Esperamos que vocês não consigam entrar".
2. **"Até os cegos e os aleijados podem se defender de você".**
3. "O Senhor não quer que vocês nos ataquem".
4. Todas as opções acima.

2 O que Davi fez depois que ele conquistou a fortaleza de Sião? (5:7, 9)

1. Ele passou a morar na fortaleza.
2. Davi a chamou de Cidade de Davi.
3. Ele construiu defesas na parte interna da cidade.
4. **Todas as opções acima.**

3 Por que Davi foi se tornando cada vez mais poderoso? (5:10)

1. **O Senhor estava com ele.**
2. Ele praticou como lutar com uma espada.
3. Ele reuniu um grande exército.
4. Ele fez com que todos tivessem medo dele.

4 Como os filisteus reagiram quando souberam que Davi havia sido ungido rei? (5:17)

1. Eles fugiram para a Filístia.
2. Eles se esconderam nas montanhas de Moabe.
3. **Eles foram prender Davi.**
4. Os reis filisteus foram para Jerusalém para fazer um acordo com ele.

5 O que o Senhor disse da primeira vez que Davi perguntou se deveria atacar os filisteus? (5:19)

1. "Não saia agora".
2. "Ataque os filisteus amanhã pela manhã".
3. "Espere uma semana e depois faça uma emboscada para eles".
4. **"Vá, Eu os entregarei nas suas mãos".**

6 Por que Davi reuniu 30.000 dos melhores guerreiros para ir a Baalá? (6:1-2)

1. Para lutar com os filisteus
2. Para levar a arca ao Monte Sinai
3. **Para trazer a arca de Deus da casa de Abinadabe**
4. Para ajudar a construir o templo

7 Quem conduziu o carroção com a arca nele? (6:3)

1. Natã e Salomão
2. **Uzá e Aiô**
3. Hofni e Finéias
4. Abinadabe e Obede-Edom

8 O que Davi disse depois que Uzá morreu? (6:9)

1. "Por que o Senhor fez isso?"
2. "Uzá pecou. Ele merecia morrer".
3. **"Como vou conseguir levar a arca do Senhor?"**
4. "Estou feliz pois o Senhor não me matou."

9 Por que Davi quis levar a arca da casa de Obede-Edom para a Cidade de Davi? (6:12)

1. **Ele viu como o Senhor abençoou a casa de Obede-Edom.**
2. Ele queria levar a arca para a batalha.
3. Ele queria a arca do Senhor para proteção.
4. Todas as opções acima.

10 Complete o versículo: "O Senhor é o meu pastor; de nada terei falta. Em verdes pastagens me faz repousar e me conduz em águas tranquilas; restaura-me o vigor. Guia-me . . ." (Salmo 23:1-3)

1. ". . . a lugares seguros para me proteger do mal".
2. ". . . a todo lugar que Ele quer que eu vá".
3. **". . . nas veredas da justiça por amor do Seu nome".**
4. ". . . pela terra prometida".

Versículo para Memorização

"Mesmo quando eu andar por um vale de trevas e morte, não temerei perigo nenhum, pois Tu estás comigo; a Tua vara e o Teu cajado me protegem" (Salmo 23:4).

Verdade Bíblica

Deus é fiel ao seu povo.

Foco

Deus nos abençoa quando buscamos honrá-lo. Ele merece o nosso louvor e a nossa gratidão por Sua bondade e fidelidade.

Dica de Ensino

Embora em alguns momentos a guerra é necessária, o desejo de Deus é de paz. Deus queria um rei de paz para construir o Seu templo. Veja 1 Crônicas 22:7-10 para os detalhes.

COMENTÁRIO BÍBLICO

Leia 2 Samuel 7:1-29. Davi pensou que a arca de Deus deveria ficar em um templo e não numa tenda. A arca era o trono de Deus e Deus era o rei supremo dos israelitas. Davi queria que Deus recebesse mais honra do que Davi possuía.

Israel era um reino estabelecido. Davi buscava liderar os israelitas de uma maneira que fosse fiel a sua aliança com Deus. Um templo permanente para a arca de Deus seria um sinal para os israelitas de que Davi desejava que Deus fosse uma presença permanente em suas vidas.

Deus se alegrou com o desejo de Davi em honrá-lo. Deus prometeu abençoar a Davi ainda mais. Entretanto, Deus não permitiu que Davi construísse o templo. Deus planejava dar a Davi um filho, Salomão, que construiria o templo.

Deus prometeu nunca retirar Seu amor de Davi e de sua dinastia. Deus prometeu a Davi que o reino que Deus estabeleceu através dele seria um reino que permaneceria para sempre.

CARACTERÍSTICAS DE DEUS

- Deus é fiel para manter Suas promessas.
- Deus merece o nosso louvor e gratidão por Sua bondade e fidelidade.

PESSOAS

Natã era um profeta que entregou a Davi muitas mensagens de Deus.

COISAS

Um palácio de cedro era o palácio que Hirão, rei de Tiro, construiu para Davi. Cedro é uma árvore que cresce até 30 metros de altura. Era perfeita para projetos de construção, porque a madeira não apodrece.

Tabernáculo era a tenda que os israelitas construíram depois que deixaram o Egito. Ali estava a arca de Deus.

Firmar o trono para sempre significa que Deus estabeleceria uma dinastia real através de Davi.

ATIVIDADE

Brinque de "Professor, eu posso?" Estabeleça uma linha de partida e uma linha de chegada, uma em cada extremo da sala. Instrua as crianças a fazerem uma fila atrás de uma linha de partida. O objetivo do jogo é chegar até a linha de chegada do lado oposto da sala. Para fazer isso, as crianças têm que lembrar de sempre pedir a permissão do professor antes de completar o comando dele.

O professor dará um comando para a primeira criança, que pode ser: "Dê dois passos gigantes". A criança precisa primeiro perguntar: "Professor, eu posso?" Quando o professor responder: "Sim, você pode", a criança segue o comando. Se a criança esquecer de perguntar: "Professor, eu posso?" e seguir em frente, a criança tem que voltar para a linha de partida.

Continue a brincadeira dando o comando para a criança seguinte. Mude os comandos e o número de passos. Seja criativo em seus comandos, falando de passos gigantes, passos de bebê, passos de canguru ou pulando. Brinque pelo menos até uma criança alcançar a linha de chegada. Se o tempo permitir, brinque até todas as crianças alcançarem a linha de chegada.

Diga: **Você ouviu os comandos com cuidado e pediu a minha permissão para poder se mover. Nesse estudo, Davi queria construir algo para Deus. Hoje você saberá se Deus lhe deu permissão para fazer isso ou não.**

LIÇÃO BÍBLICA

Prepare a história a seguir, adaptada de 2 Samuel 7:1-29, antes de contá-la para as crianças.

Davi se estabeleceu em seu palácio. O Senhor lhe dera descanso de todos os seus inimigos. Depois de um tempo, Davi disse a Natã, um profeta: "Eu estou vivendo em um palácio de cedro, enquanto a arca de Deus permanece numa simples tenda".

Natã disse: "Faze o que tiveres em mente, pois o Senhor está contigo". Ele disse isso a Davi antes de consultar ao Senhor.

Naquela noite, o Senhor disse a Natã: "Vá dizer ao meu servo Davi que assim diz o Senhor. Você construirá uma casa para eu morar? Não tenho morado em nenhuma casa desde o dia em que tirei os israelitas do Egito. Tenho ido de uma tenda para outra, de um tabernáculo para outro. Por onde tenho acompanhado os israelitas, alguma vez perguntei a algum líder deles: 'Por que você não me construiu um templo de cedro?'"

O Senhor disse para Natã dizer a Davi: "Sempre estive com você por onde você andou, e eliminei todos os teus inimigos. Agora Eu o farei tão famoso quanto os homens mais importantes da terra. E providenciarei um lugar para Israel, o meu povo, e os plantarei lá para que tenham seu próprio lar e não mais sejam incomodados. Também subjugarei todos os seus inimigos."

O Senhor também prometeu estabelecer uma casa, uma dinastia real para Davi. Ele disse: "Quando a sua vida chegar ao fim, escolherei um de seus filhos para sucedê-lo". Deus reverteu o pedido de Davi. Davi não construiria um templo para Deus. Ao

invés disso, Deus construiria uma dinastia para Davi.

O Senhor prometeu a Davi que seu filho construiria um edifício para a arca de Deus. O Senhor disse o seguinte sobre o filho de Davi: "Eu serei seu pai, e ele será meu filho. Nunca tirarei dele o meu amor. Sua dinastia e seu reino permanecerão para sempre".

O compromisso de Deus com Davi e seus descendentes era incondicional. Deus amava Davi e seus descendentes independentemente de suas ações. Entretanto, Deus lembrou Davi de que suas ações ainda teriam consequências. Se eles escolhessem desobedecer, seu relacionamento com Deus não seria terminado, mas eles podiam esperar uma punição.

Natã disse a Davi o que o Senhor disse.

Davi disse ao Senhor: "Quem sou eu, ó Soberano Senhor, e o que é a minha família, para que me trouxesses a este ponto? Falaste sobre o futuro da família de seu servo. É assim que procedes com os homens, ó Soberano Senhor?"

"Quão grande és Tu, ó Soberano Senhor! Não há ninguém como Tu nem há outro Deus além de ti. Quem é como Israel, o Teu povo, a única nação da terra que Tu, ó Deus, resgataste para Ti mesmo?"

"Tu mesmo fizeste de Israel o Teu povo particular para sempre, e Tu, ó Senhor, Te tornaste o seu Deus. Faze conforme prometeste, para que o Teu nome seja engrandecido para sempre".

"Ó Soberano Senhor, Tu és Deus! Tuas palavras são verdadeiras, e Tu fizeste essa boa promessa a teu servo. Agora, abençoa a família de teu servo para sempre."

Anime as crianças a responderem as seguintes perguntas. Não há respostas certas ou erradas. Essas perguntas ajudarão as crianças a entenderem a história e a aplicarem em suas vidas.

1. **Por que Deus não pediu aos israelitas para construírem um templo para ele?**

2. **O que Deus disse que Ele fez para Davi? Por que será que Deus menciona as coisas que Ele fez para Davi?**

3. **Por que será que era tão importante para Davi saber que Deus abençoaria os seus descendentes? Por que Davi se sentiu honrado quando Deus lhe disse o futuro dos seus descendentes?**

4. **Davi teve sucesso, pois Deus trabalhava na sua vida. Quais sucessos Deus já te ajudou a alcançar?**

5. **Como Deus cumpriu a Sua promessa de manter um dos descendentes de Davi no trono para sempre?**

Diga: **Você já fez alguma coisa boa para alguém para expressar seu apreço e amor por ele(a)? Era isso que Davi queria fazer para Deus. Deus abençoou a Davi de várias formas. Davi queria que Deus tivesse a maior honra de todas. Davi queria construir um templo para Deus. Deus tinha outros planos para construção do templo, mas Ele estava contente com o desejo e a atitude de Davi.**

Não é necessário fazer grandes coisas para agradar a Deus. Agradamos a Deus quando O amamos e tentamos honrá-lo.

VERSÍCULO PARA MEMORIZAÇÃO

Pratique o versículo para memorização da lição. Você encontrará sugestões na página 139.

ATIVIDADES ADICIONAIS

Escolha algumas dessas opções para incrementar o estudo bíblico das crianças.

1. Leia sobre a arca da aliança, a mesa, o candelabro e o tabernáculo em Êxodo 25:1-26:37. Instrua as crianças a fazerem um desenho de um ou mais desses itens.

2. **O Senhor disse que Ele engrandeceria o nome de Davi. Veja o Novo Testamento. Quantas vezes você consegue encontrar o nome de Davi?** Aqui há alguns exemplos: Mateus 1:1-17, Mateus 1:20, Lucas 1:32, Lucas 2:4, Lucas 2:11, e Lucas 3:31. **Qual é a razão mais consistente para que o nome de Davi seja mencionado no Novo Testamento? O que isso nos diz sobre a promessa de Deus para Davi?**

ANOTAÇÕES:

PERGUNTAS PARA COMPETIÇÃO
(NÍVEL BÁSICO)

Para preparar as crianças para competição, leia para elas 2 Samuel 7:1-29.

1 **Depois que o Rei Davi foi morar no seu palácio, o que ele disse para Natã? (7:1-2)**

1. "Traga a arca de Deus para o palácio"
2. **"Estou morando num palácio de cedro, enquanto a arca de Deus permanece numa simples tenda"**
3. As duas respostas estão corretas.

2 **De onde o Senhor tirou Davi para fazê-lo soberano em Israel? (7:8)**

1. Do palácio.
2. **Das pastagens.**
3. Do templo.

3 **O que o Senhor disse que Ele faria por Davi? (7:9)**

1. **Que ele seria muito famoso.**
2. Que Ele daria a Davi uma excelente saúde.
3. As duas respostas estão corretas.

4 **O que o Senhor disse que estabeleceria para Davi? (7:11)**

1. Um templo
2. Um país de servos
3. **Uma dinastia**

5 **Quem o Senhor disse que construiria o templo do Senhor? (7:12-13)**

1. Davi
2. **Um dos filhos de Davi**
3. O filho de Jônatas

6 De acordo com o Senhor, o que Ele disse que jamais retiraria da descendência de Davi? (7:15)

1. Muita saúde
2. Muito poder
3. **O amor do Senhor**

7 Como o rei Davi reagiu quando Natã lhe disse a palavra do Senhor? (7:18)

1. **Ele entrou no tabernáculo e se assentou diante do Senhor.**
2. Ele deixou o palácio e foi para as pastagens.
3. Ele fugiu para a Filístia.

8 Como Davi descreveu a grandeza de Deus? (7:22)

1. "Quão grande és tu, ó Soberano Senhor!"
2. "Não há ninguém como tu, não há outro Deus além de ti."
3. **As duas respostas estão corretas.**

9 De acordo com Davi, o que Deus fez por Israel? (7:23-24)

1. Ele resgatou esse povo para si mesmo.
2. Ele fez de Israel Seu povo particular para sempre.
3. **As duas respostas estão corretas.**

10 Complete o versículo: "Mesmo quando eu andar por um vale de trevas e morte, não temerei perigo nenhum, pois Tu estás comigo; a Tua vara . . ." (Salmo 23:4)

1. ". . . e a Tua mão cuidam de mim".
2. **". . . e o Teu cajado me protegem".**
3. ". . . é uma lembrança de Teu poder".

PERGUNTAS PARA COMPETIÇÃO
(NÍVEL AVANÇADO)

Para preparar as crianças para a competição, leia para elas 2 Samuel 7:1-29.

1 Quando Davi falou com Natã sobre a arca de Deus, o que Natã disse para Davi? (7:3)

1. **"Faze o que tiveres em mente, pois o Senhor está contigo".**
2. "Não se preocupe com a arca de Deus".
3. "Leve a arca para a casa de Abinadade."
4. "Sempre honre a arca de Deus".

2 Onde o Senhor disse que Ele havia morado desde que Ele tirou os israelitas do Egito? (7:5-6)

1. No palácio
2. Em Canaã
3. Em uma casa
4. **Em uma tenda**

3 O que o Senhor disse que Ele fez por Davi? (7:8-9)

1. Que Ele sempre esteve com Davi por onde ele andou.
2. Que Ele tirou Davi das pastagens para ser o soberano de Israel.
3. Que Ele eliminou todos os inimigos de Davi.
4. **Todas as opções acima.**

4 O que Deus disse que providenciaria ao seu povo? (7:10)

1. Comida e água
2. **Seu próprio lar para que eles não fossem mais incomodados**
3. Saúde e poder
4. Terra

5 De acordo com o Senhor, quem não oprimiria mais os israelitas? (7:10)

1. Os filhos de Saul
2. Outros reis
3. Os ímpios
4. Os filhos de Davi

6 Quem o Senhor disse que estabeleceria depois de Davi? (7:11-12)

1. A dinastia de Davi
2. O neto de Saul
3. O filho de Jônatas
4. O sobrinho de Davi

7 O que Deus disse que faria quando o sucessor de Davi cometesse algum erro? (7:14)

1. O Senhor removeria o seu amor dele.
2. O Senhor o puniria com o castigo dos homens.
3. O Senhor lhe diria para não ser mais rei.
4. Todas as opções acima.

8 O que o Senhor disse que permaneceria para sempre diante dEle? (7:16)

1. A dinastia e o reino de Davi
2. O templo
3. Israel
4. O tabernáculo

9 O que Davi pediu para o Senhor fazer depois que Natã lhe disse a palavra do Senhor? (7:18-19)

1. "Ó Senhor, por que Você não me permite construir um templo para Você?"
2. "Ó Senhor, por quanto tempo serei rei?"
3. "Por que o Senhor falou com Natã e não comigo".
4. "Quem sou eu, ó Soberano Senhor, e o que é a minha família, para que me trouxesses a esse ponto?"

10 O que Davi pediu para o Senhor confirmar? (7:25)

1. O ouro de Israel
2. A Sua promessa
3. Toda a comida de Israel
4. A arca da aliança

Versículo para Memorização

"Preparas um banquete para mim à vista dos meus inimigos. Tu me honras ungindo a minha cabeça com óleo e fazendo transbordar o meu cálice. Sei que a bondade e a fidelidade me acompanharão todos os dias da minha vida, e voltarei à casa do Senhor enquanto eu viver" (Salmo 23:5-6).

ESTUDO 19
2 Samuel 9:1-13

Verdade Bíblica

Deus cumpre com Suas promessas e Ele quer que o Seu povo cumpra com as suas promessas.

Foco

Nesse estudo, as crianças aprenderão que é importante cumprir com as promessas. Deus espera que cumpramos as nossas promessas.

Dica de Ensino

Uma promessa é um compromisso que uma pessoa faz com outra pessoa. Infelizmente, muitas crianças já viram adultos não cumprirem com suas promessas. Quando um adulto falha em cumprir com uma promessa, a criança geralmente se sente devastada. Se a criança vivencia constantes quebras de promessas, ela pode duvidar de que Deus cumpre com Suas promessas.
Seja um modelo positivo para as crianças de sua classe. Mostre o que significa fazer uma promessa e cumprir com ela. Lembre-os de que Davi não esqueceu de sua promessa a Jônatas e ele cumpriu com ela. Lembre as crianças de que Deus sempre cumpre com Suas promessas.

COMENTÁRIO BÍBLICO

Leia 2 Samuel 9:1-13. Deus foi fiel a aliança que Ele fez com os israelitas, mesmo quando os israelitas não foram fiéis. Deus sempre cumpriu com as Suas promessas.

Davi lutou contra Saul para ganhar o controle sobre todas as tribos de Israel. Davi poderia punir todos os membros da família de Saul que ainda estivessem vivos. Alguns reis faziam isso para evitar que qualquer pessoa da família de um ex-rei desafiasse o reinado atual.

Davi, entretanto, fez um acordo de amizade com Jônatas enquanto Jônatas ainda estava vivo. Davi escolheu honrar aquela aliança quando ele honrou o filho de Jônatas, Mefibosete. Davi se arriscou quando ele permitiu que um membro da família de Saul vivesse.

As atitudes de Davi com Mefibosete mostraram que Davi havia escolhido honrar a Deus. Davi era um homem segundo o coração de Deus. Davi cumpriu com sua promessa a Jônatas.

CARACTERÍSTICAS DE DEUS

+ Deus se importa com todas as pessoas e Ele quer que nos importemos com todas as pessoas também.

+ Deus cumpre com as Suas promessas e Ele quer que nós cumpramos com as nossas promessas.

PESSOAS

Jônatas era o filho mais velho de Saul.

Ziba era um servo do Rei Saul.

Mefibosete era filho de Jônatas e neto de Saul.

COISAS

Cão morto é uma expressão que era comum em tempos bíblicos. Ela expressa a mais extrema auto-humilhação. Também era uma forma de insulto.

ATIVIDADE

Organize as crianças em grupos de três. Indique uma linha de partida e uma linha de chegada para a corrida. Em cada grupo, duas crianças serão a equipe médica e uma criança o paciente ferido. As duas crianças da equipe médica criarão uma maca com seus braços para carregarem o paciente ferido.

Familiarize-se com as seguintes instruções para que você possa demonstrá-las com gestos.

Instrua a equipe médica a ficar frente a frente. Peça para as crianças estenderem o braço direito para frente. Depois peça para elas dobrarem o braço esquerdo segurando o cotovelo do braço direito. As duas crianças da equipe médica devem, então, pegar o braço esquerdo de seu parceiro com a mão direita. Assim, elas terão formado um quadrado com seus braços e isso servirá de maca para o paciente ferido. A equipe médica se ajoelhará para que o paciente machucado possa se sentar na maca.

Diga: **Quando eu disser para começar, cada equipe fará uma maca e carregará o colega ferido para a linha de chegada. Então, a equipe deve se virar e correr de volta para a linha de partida. O paciente ferido deve ficar equilibrado na maca até que a equipe chegue de volta na linha de partida. Se o paciente ferido cair ou se a maca quebrar, a equipe deve começar novamente da linha de partida.**

Faça a corrida diversas vezes para que cada criança tenha a oportunidade de ser o paciente ferido.

Diga: **Foi divertido se fingir de equipe médica e paciente ferido. Quando alguém está machucado ou em necessidade, nós o ajudamos. Nós aprenderemos sobre alguém que precisava de ajuda e sobre alguém que arriscou sua carreira e vida para ajudá-lo.**

LIÇÃO BÍBLICA

Prepare a história a seguir, adaptada de 2 Samuel 9:1-13, antes de contá-la para as crianças.

Davi perguntou: "Resta ainda alguém da família de Saul a quem eu possa mostrar lealdade, por causa da minha amizade com Jônatas?"

Havia um servo, chamado Ziba, que era da casa de Saul. Davi mandou chamar Ziba e perguntou a ele se ainda havia alguém da família de Saul vivo.

Ziba respondeu: "Há ainda um filho de Jônatas, aleijado dos pés". Então, o rei Davi mandou trazê-lo.

Quando Mefibosete, filho de Jônatas, chegou a Davi, ele prostrou-se para honrar Davi. Davi disse para Mefibosete não ter medo. Davi reafirmou que, por amor a Jônatas, Mefibosete sempre seria tratado com

bondade por ele. Davi prometeu que ele devolveria a Mefibosete todas as terras que pertenciam a seu avô, Saul. Também, pelo resto de sua vida, Mefibosete comeria à mesa do rei.

Mefibosete prostrou-se e disse: "Quem é o teu servo, para que te preocupes com um cão morto como eu?"

Então, Davi disse para Ziba: "Devolvi ao neto de Saul, seu senhor, tudo que pertencia a Saul e a sua família. Você, seus filhos e seus servos cultivarão a terra para ele. Você trará a colheita para que haja provisões na casa do neto de seu senhor".

Ziba disse a Davi: "O teu servo fará tudo o que o rei, meu senhor, ordenou".

Então, Mefibosete e seu jovem filho, Mica, mudaram-se para Jerusalém, onde eles herdaram todos os que moravam na casa de Ziba como servos. Daquele momento em diante, Mefibosete sempre comeu à mesa do rei.

Anime as crianças a responderem as seguintes perguntas. Não há respostas certas ou erradas. Essas perguntas ajudarão as crianças a entenderem a história e a aplicarem em suas vidas.

1. Leia 1 Samuel 20:14-15, 42. **Por que Davi queria ajudar o filho de Jônatas?**

2. **Se você fosse Mefibosete, como você se sentiria se você fosse convidado para se encontrar com o rei? Por que Mefibosete estava nervoso?**

3. **Por que Mefibosete ficou surpreso com o desejo de Davi em ajudá-lo?**

4. **O que Davi prometeu fazer por Mefibosete?**

Diga: **Você já fez alguma promessa? Nem sempre é fácil cumprir com uma promessa. Há muito tempo, Davi e Jônatas fizeram um acordo de amizade. Davi cumpriu com sua** promessa a Jônatas quando ele cuidou de Mefibosete.

Davi fez a escolha correta quando ele cumpriu com suas promessas. Deus cumpre com Suas promessas e Ele espera que nós cumpramos com as nossas promessas.

VERSÍCULO PARA MEMORIZAÇÃO

Pratique o versículo para memorização da lição. Você encontrará sugestões na página 139.

ATIVIDADES ADICIONAIS

Escolha algumas dessas opções para incrementar o estudo bíblico das crianças.

1. **Como você acha que um rei tipicamente tratava os descendentes de reis anteriores? Como é que as ações de Davi foram diferentes?**

2. **Hoje nós aprendemos sobre um ato de compaixão que Davi teve para com o filho de Jônatas. Quais seriam algumas formas pelas quais nós poderíamos ajudar pessoas necessitadas que nós conhecemos?** Escolha uma ou duas ideias práticas para as crianças fazerem. Ajude as crianças a criarem um plano e colocarem seu plano em prática.

PERGUNTAS PARA COMPETIÇÃO
(NÍVEL BÁSICO)

Para preparar as crianças para competição, leia para elas 2 Samuel 9:1-13.

1 Quem disse: "Resta ainda alguém da família de Saul a quem eu possa mostrar lealdade, por causa de minha amizade com Jônatas"? (9:1)

1. Saul
2. Ziba
3. Davi

2 Quem era o servo da casa de Saul? (9:2)

1. Ziba
2. Mica
3. Mefibosete

3 O que Davi perguntou a Ziba?(9:3)

1. "Quantos servos e filhos você tem?"
2. "Resta ainda alguém da família de Saul a quem eu possa mostrar lealdade?"
3. "Por quanto tempo você foi servo de Saul?"

4 Como Ziba descreveu o filho de Jônatas? (9:3)

1. "Ele é um trabalhador árduo".
2. "Ele é ruim para os servos".
3. "Ele é aleijado dos pés".

5 Qual era o nome do filho de Jônatas? (9:6)

1. Mefibosete
2. Hofni
3. Eliabe

6 Quem era o pai de Mefibosete? (9:6)

1. Ziba
2. Jônatas
3. Saul

7 Quem disse: "Quem é o teu servo, para que te preocupes com um cão morto como eu?" (9:8)

1. Ziba
2. Mica
3. Mefibosete

8 Quantos filhos e servos Ziba tinha? (9:10)

1. 10 filhos e 15 servos
2. 15 filhos e 20 servos
3. 20 filhos e 15 servos

9 Quem era filho de Mefibosete? (9:12)

1. Mica
2. Jônatas
3. Ziba

10 Por que Mefibosete decidiu ir morar em Jerusalém? (9:13)

1. Porque sua família morava ali.
2. Pois passou a comer sempre à mesa do rei.
3. Pois ele havia crescido ali.

PERGUNTAS PARA COMPETIÇÃO
(NÍVEL AVANÇADO)

Para preparar as crianças para a competição, leia para elas 2 Samuel 9:1-13.

1 **O que Davi queria mostrar para alguém da família de Saul? (9:1)**

1. Lealdade
2. Ódio
3. Inveja
4. Ressentimento

2 **Por que Davi queria mostrar lealdade a alguém da família de Saul? (9:1)**

1. Para que as pessoas gostassem de Davi
2. Para que as pessoas gostassem de Saul
3. Por sua amizade com Saul
4. Por sua amizade com Jônatas

3 **O que Ziba disse quando Davi perguntou se restava alguém da família de Saul?(9:3)**

1. "Ainda há um filho de Jônatas".
2. "Há ainda um irmão de Saul".
3. "Todos os netos de Saul estão vivos".
4. "Ninguém está vivo da família de Saul."

4 **Onde estava Mefibosete quando Davi perguntou por ele pela primeira vez? (9:4)**

1. Na casa de Abinadabe, em Betel.
2. Na casa de Maquir, em Lo-Debar.
3. Na casa de Obede-Edom, em Jerusalém.
4. Na casa de Saul, em Gibeá.

5 **O que Mefibosete fez quando ele chegou até Davi? (9:6)**

1. Mefibosete sentou à mesa de Davi para comer.
2. Mefibosete prostrou-se para honrá-lo.
3. Mefibosete tocou a harpa para Davi.
4. Todas as opções acima.

6 **O que Davi prometeu a Mefibosete? (9:7)**

1. Davi lhe trataria com bondade por causa de Jônatas.
2. Davi lhe devolveria todas as terras de Saul.
3. Davi o permitiria comer à sua mesa sempre.
4. Todas as opções acima.

7 **O que Davi disse para Ziba fazer por Mefibosete? (9:9-10)**

1. "Cultive a terra para ele e traga a colheita".
2. "Deixe-o ficar na sua casa".
3. "Dê-lhe dinheiro todo mês".
4. Todas as opções acima.

8 **O que Ziba disse quando Davi pediu para ele cultivar as terras de Mefibosete? (9:11)**

1. "Será muito trabalho. Não conseguiremos fazer isso".
2. "Eu contratarei mais servos para Mefibosete".
3. "O teu servo fará tudo o que o rei, meu senhor, ordenou".
4. "Só conseguirei fazer isso por três anos".

9 **Quem eram os servos de Mefibosete? (9:12)**

1. Somente o Ziba.
2. Mica e seus filhos.
3. Os servos de Davi.
4. Todos os que moravam na casa de Ziba.

10 Complete o versículo: "Preparas um banquete para mim à vista dos meus inimigos. Tu me honras ungindo a minha cabeça com óleo e fazendo transbordar o meu cálice. Sei que a bondade e a fidelidade . . ." (Salmo 23:5-6)

1. ". . . me acompanharão todos os dias da minha vida, e voltarei à casa do Senhor enquanto eu viver".

2. ". . . me seguirão por toda a minha vida e estarei com o Senhor sempre".

3. ". . . virão do Senhor e eu seguirei seus caminhos todos os dias da minha vida".

4. ". . . me seguirão sempre, e eu buscarei a palavra do Senhor em sua casa".

"Cria em mim um coração puro, ó Deus, e renova dentro de mim um espírito estável" (Salmo 51:10).

Verdade Bíblica

Deus pune o pecado, mas Ele perdoa e restaura aqueles que se arrependem.

Foco

Deus não nos protege das consequências dos nossos pecados, mas Ele nos perdoa quando nos arrependemos.

Dica de Ensino

Informe aos pais das crianças que essa lição é sobre Davi e Bate-Seba. Considere a possibilidade de convidar os pais para participarem da lição com os seus filhos.

Se as crianças levantarem questões sobre adultério ou a gravidez de Bate-Seba, dê respostas curtas e objetivas. Incentive os alunos a falarem com seus pais se tiverem mais perguntas.

ESTUDO 20

2 Samuel 11:1-17, 26-27; 12:1-10, 13-25

COMENTÁRIO BÍBLICO

Leia 2 Samuel 11:1-17, 26-27; 12:1-10, 13-25. Era comum para os exércitos interromperem as guerras durante o inverno. Quando a primavera chegava e as condições climáticas melhoravam, as batalhas eram retomadas. Os reis, tipicamente, lideravam seus exércitos nas batalhas. Entretanto, dessa vez, Davi mandou seus soldados para a batalha sem ir para liderá-los.

Davi fez algumas escolhas que não honraram a Deus. Davi falhou em resistir a tentação, e ele cometeu adultério e assassinato. Deus enviou Natã, o profeta, para confrontar a Davi a respeito das escolhas que Davi havia feito.

Quando Natã confrontou a Davi, Davi se arrependeu das escolhas que fez. Deus aceitou o arrependimento de Davi e perdoou a Davi. Entretanto, Deus ainda puniu Davi por suas ações. Davi e seus descendentes sentiram os efeitos da punição de Davi. Natã contou a Davi que seu primeiro filho com Bate-Seba morreria.

A morte dessa criança foi um exemplo para os israelitas que os reis também tinham que prestar contas de suas ações. Davi mostrou a profundidade de seu arrependimento jejuando e orando. Ele sabia que o julgamento de Deus era misericordioso e justo. Deus deu a Davi e Bate-Seba outro filho, e eles o chamaram de Salomão. Deus mandou um recado a Davi por meio de Natã de que esse filho também seria chamado de Jedidias, que significava amado pelo Senhor. Graças ao arrependimento de Davi, Deus mostrou misericórdia a Davi e restaurou seu relacionamento com Ele.

CARACTERÍSTICAS DE DEUS

+ Deus não nos protege das consequências de nossos pecados.
+ Deus nos perdoa quando nos arrependemos.

PALAVRAS DE NOSSA FÉ

Arrepender-se é se afastar do pecado e se aproximar de Deus. Isso significa que aquele que se arrepende lamenta o pecado que cometeu, pede perdão e decide viver para Deus.

PESSOAS

Bate-Seba era a esposa de Urias.

Urias, o hitita, era o marido de Bate-Seba.

Salomão foi o segundo filho de Davi e Bate-Seba. Ele foi o rei de Israel depois que Davi morreu.

Jedidias foi o nome que Deus deu a Salomão quando ele nasceu. Significava: "amado pelo Senhor".

COISAS

Jejuar é abrir mão de alguma coisa por um tempo, geralmente comida, para orar e focar-se em Deus.

ATIVIDADE

Para essa atividade, você precisará do seguinte:
+ dois potes pequenos com tampas
+ um pouco de argila / barro / lama
+ um pouco de sabão
+ um pano molhado

Antes das crianças chegarem, encha um pote com água limpa. Encha o segundo pote com barro. Cubra a parte externa do segundo pote com barro. Coloque os potes, sabão e pano em uma mesa. Diga: **Eu quero que o pote sujo fique tão limpo quanto o pote de água.** Deixe um voluntário lavar o pote sujo usando e sabão e o pano. Pergunte: **O pote está limpo agora?** Retire a tampa e mostre o que tem dentro do pote. Diga: **Nós limpamos o lado de fora do pote, mas o lado de dentro ainda está sujo.**

Diga: **Todos nós nascemos em um mundo cheio de pecado e todos nós pecamos. Tentamos limpar o lado de fora com os nossos próprios esforços, mas nós não conseguimos limpar o lado de dentro. Somente Deus é capaz de fazer isso! E ele faz quando nos arrependemos de nossos pecados.**

Diga: **Nós aprenderemos sobre um homem que parecia estar limpo do lado de fora, mas ele não estava limpo por dentro.**

LIÇÃO BÍBLICA

Prepare a história a seguir, adaptada de 2 Samuel 11:1-17, 26-27; 12:1-10, 13-25, antes de contá-la para as crianças.

Na primavera, quando os reis geralmente vão para a guerra, Davi ficou em casa. Ele enviou Joabe para a guerra.

Quando Davi foi passear pelo terraço, ele viu uma mulher tomando banho. A mulher era Bate-Seba, esposa de Urias. Davi mandou chamá-la. Bate-Seba chegou ao palácio e Davi dormiu com ela. Mais tarde, ela mandou avisar a Davi que estava grávida. Davi era o pai de seu filho.

Davi tentou encobrir as coisas erradas que ele fez. Ele mandou Urias voltar da guerra para casa. Davi saudou Urias e depois lhe disse para ele ir para casa. Davi esperava que Urias dormisse com Bate-Seba enquanto ele estivesse em casa, para que parecesse que Urias era o pai da criança. Se isso acontecesse, ninguém poderia acusar a Davi de ser o pai.

Mas Urias não foi para a sua casa. Ele preferiu ficar na entrada do palácio com

todos os guardas. Davi perguntou a Urias por que ele não havia ido para casa. Urias disse: "Eu não podia ir para casa quando a arca e os exércitos do meu rei repousam em tendas". Urias mostrou sua devoção ao Senhor e ele se manteve disciplinado. Ele foi fiel em honrar a Deus evitando os prazeres da vida enquanto a guerra não acabava.

Davi disse para Urias ficar em casa mais um dia. Naquela noite, Davi chegou tão desesperado para esconder seu pecado, que ele embebedou a Urias. Mas, novamente, Urias ficou com os guardas e não foi para casa.

Então, Davi escreveu uma carta para Joabe, e ele a enviou por meio de Urias. Na carta, ele dizia: "Ponha Urias na linha de frente e deixe-o onde o combate estiver mais violento, para que seja ferido e morra".

Joabe fez como Davi mandou. Ele colocou Urias contra os soldados mais fortes do exército inimigo. Durante a batalha, alguns dos oficiais da guarda de Davi morreram, incluindo Urias.

Bate-Seba chorou por Urias. Então, Davi a levou para seu palácio. Ela tornou-se sua esposa e deu à luz ao seu filho. Davi acreditou que ele tinha sido bem sucedido na tentativa de esconder o seu pecado. Mas o pecado de Davi desagradou o Senhor.

O Senhor enviou Natã, um profeta, para falar com Davi. Natã contou para Davi uma história de um homem rico e um homem pobre. O homem rico tinha muitas ovelhas e bois. O homem pobre tinha apenas uma cordeirinha. O homem rico precisava preparar uma refeição. Ao invés de usar seu próprio gado, ele usou a cordeirinha do homem pobre.

Davi encheu-se de ira contra o homem rico. Ele disse para Natã que o homem rico merecia morrer. Então Natã disse a Davi: "Você é esse homem!"

Davi disse: "Pequei contra o Senhor". Davi não negou o que fez nem deu desculpas. Ele imediatamente confessou seu pecado. Consequentemente, Deus respondeu rapidamente e perdoou a Davi.

Natã respondeu: "O Senhor perdoou o seu pecado. Você não morrerá. Entretanto, uma vez que insultou o Senhor, o menino morrerá". Davi sofreria as consequências de seu pecado.

Depois que Natã foi para casa, o menino adoeceu. Davi implorou a Deus pelo menino. Davi jejuou e orou. Ele esperava que Deus pudesse mudar as consequências. Mas, depois de sete dias, o menino morreu.

Depois da morte do menino, Davi não lamentou mais. Ele aceitou a realidade da morte de seu filho, adorou a Deus e retomou a sua vida.

Mais tarde, Davi e Bate-Seba tiveram outro filho e o chamaram de Salomão. O Senhor o amou. O Senhor disse para Natã dizer a Davi para chamar o menino de Jedidias, que significa amado pelo Senhor.

Anime as crianças a responderem as seguintes perguntas. Não há respostas certas ou erradas. Essas perguntas ajudarão as crianças a entenderem a história e a aplicarem em suas vidas.

1. Por que o autor mencionou que Davi não foi para a guerra? Por que será que Davi ficou em casa?

2. Como Davi tentou encobrir seu pecado com Bate-Seba? Que tipo de pecado as crianças geralmente encobrem com outro pecado?

3. Compare Davi e Urias. Como os seus traços de caráter eram diferentes?

4. Como Davi respondeu quando Natã disse: "Você é esse homem"? Como você reagiria se alguém lhe dissesse que você havia pecado?

5. O que Davi fez enquanto seu filho estava doente? O que ele fez quando seu filho morreu? O que isso nos diz sobre o seu relacionamento com Deus?

6. O Senhor disse a Natã para chamar Salomão de Jedidias, que significa amado pelo Senhor. Por que o Senhor queria que Salomão tivesse esse nome?

Diga: **Você sabe o que é tentação? Tentação é qualquer coisa que nos direciona a desobedecer a Deus. Você já cedeu a alguma tentação? Seu pecado machucou a você ou machucou a outros de alguma forma?**

O rei Davi foi tentado a cometer adultério. Ele tomou a esposa de Urias e depois planejou uma forma para Urias morrer. Quando Natã confrontou Davi, Davi se arrependeu. Davi pediu que Deus lhe perdoasse e prometeu viver para Deus.

Quando Davi pecou, isso o machucou, mas também machucou as pessoas ao redor dele. Seu pecado não agradou a Deus. O pecado destrói relacionamentos com outros e com Deus. As boas notícias são que, se nós nos arrependemos, Deus nos perdoa como perdoou Davi.

VERSÍCULO PARA MEMORIZAÇÃO

Pratique o versículo para memorização da lição. Você encontrará sugestões na página 139.

ATIVIDADES ADICIONAIS

Escolha algumas dessas opções para incrementar o estudo bíblico das crianças

1. Compare a parábola de Natã sobre a cordeira do homem pobre com as três parábolas de Jesus em Lucas 15. **Com quem Jesus estava falando em suas parábolas?** Resuma o significado de cada parábola. Também resuma o significado da parábola que Natã contou em 2 Samuel 12:1-10.

2. Revise 1 Samuel 15:1-35. **Samuel confrontou Saul sobre o seu pecado. Como Saul respondeu? Natã confrontou Davi sobre o seu pecado. Como Davi respondeu? Como Davi terminou com o ciclo de pecado em sua vida?**

ANOTAÇÕES:

PERGUNTAS PARA COMPETIÇÃO
(NÍVEL BÁSICO)

Para preparar as crianças para competição, leia para elas 2 Samuel 11:1-17, 26-27; 12:1-10, 13-25.

1 Quem era o marido de Bate-Seba? (11:3)

1. Urias
2. Natã
3. Saul

2 Onde Urias dormiu enquanto ele estava de volta da guerra? (11:9, 13)

1. Na entrada do palácio
2. Em sua casa
3. Uma noite no palácio e uma noite em casa

3 O que dizia a carta que Davi enviou por meio de Urias? (11:15)

1. "Ponha Urias na linha de frente".
2. "Deixe-o onde o combate estiver mais violento, para que seja ferido e morra".
3. As duas respostas estão corretas.

4 O que Bate-Seba fez quando ela soube que Urias havia morrido? (11:26)

1. Ela chorou por ele.
2. Ela mudou-se para Jerusalém.
3. As duas respostas estão corretas.

5 Na história que Natã contou a Davi, o que o homem pobre tinha? (12:3)

1. Uma cordeirinha
2. Uma grande casa
3. Muitos filhos

6 Com quem Natã comparou o homem rico na história? (12:7)

1. Davi
2. Saul
3. Urias

7 O que Davi fez depois que seu filho adoeceu? (12:15-16)

1. Ele implorou a Deus em favor da criança e jejuou.
2. Ele dormiu dia e noite.
3. Ele adorou ao Senhor.

8 Como Davi reagiu quando ele soube que seu filho havia morrido?(12:20)

1. Ele jejuou e chorou.
2. Ele entrou no santuário do Senhor e o adorou.
3. Ele deu uma festa para honrar seu filho.

9 Que nome Davi e Bate-Seba deram ao seu segundo filho? (12:24)

1. Saul
2. Salomão
3. Jônatas

10 Complete o versículo: "Cria em mim um coração puro, ó Deus, e renova . . ." (Salmo 51:10)

1. ". . . uma aliança de fé com o Seu povo".
2. ". . . um espírito de paz para mim".
3. ". . . dentro de mim um espírito estável".

PERGUNTAS PARA COMPETIÇÃO
(NÍVEL AVANÇADO)

Para preparar as crianças para a competição, leia para elas 2 Samuel 11:1-17, 26-27; 12:1-10, 13-25.

1 Onde Davi ficou enquanto Joabe e o exército foram para a guerra? (11:1)

1. Gilgal
2. Gibeá
3. Jerusalém
4. Hebrom

2 Que mulher Davi mandou chamar enquanto estava em Jerusalém e seu exército na guerra? (11:3)

1. Bate-Seba
2. Mical
3. Abigail
4. Rute

3 O que Urias disse quando Davi lhe perguntou por que ele não havia dormido em casa? (11:10-11)

1. "A arca e os homens de Israel e Judá repousam em tendas".
2. O meu senhor Joabe e os seus soldados estão acampados ao ar livre".
3. "Juro por teu nome e por tua vida que não farei uma coisa dessas".
4. Todas as opções acima.

4 O que Bate-Seba fez quando o tempo para chorar por Urias acabou? (11:27)

1. Ela casou-se com Davi e deu à luz ao seu filho.
2. Ela deixou Jerusalém.
3. Ela fugiu para Ramá.
4. Todas as opções acima.

5 Na história que Natã contou a Davi, como o homem pobre tratava sua cordeirinha? (12:3)

1. Ele a criou.
2. Ela cresceu com ele e seus filhos.
3. Ela comia junto dele.
4. Todas as opções acima.

6 Na história que Natã contou a Davi, o que o homem rico tirou do pobre? (12:4)

1. Sua cordeira
2. Seu filho
3. Suas colheitas
4. Sua casa

7 O que Davi disse quando ele ouviu a história de Natã? (12:5)

1. "Traga-me esse homem".
2. "Leve outra cordeira para o homem pobre".
3. "Juro pelo nome do Senhor que o homem que fez isso merece a morte!"
4. "Dê ao homem pobre 1.000 ovelhas".

8 O que Davi disse a Natã depois que Natã o repreendeu? (12:13)

1. "Por que você está me repreendendo?"
2. "Eu não fiz nada de errado".
3. "Pequei contra o Senhor".
4. "Deixe-me em paz".

9 O que Natã disse a Davi depois que Davi confessou seu pecado? (12:13)

1. "O Senhor perdoou o seu pecado".
2. "Você não morrerá".
3. "O menino morrerá".
4. Todas as opções acima.

10 Por que o Senhor queria que Natã dissesse para Davi e Bate-Seba chamarem seu segundo filho de Jedidias? (12:25)

1. O Senhor não gostava do nome Salomão.
2. O Senhor sabia que a criança seria rei.
3. O Senhor o amou.
4. O nome do pai de Davi era Jedidias.

VERSÍCULOS PARA MEMORIZAÇÃO

Os versículos a seguir são os versículos para memorização de cada lição. Você pode fazer cópias dessa página e distribuí-las para que as crianças possam estudar.

ESTUDO 1

"Porque os olhos do Senhor estão sobre os justos e os Seus ouvidos atentos à sua oração, mas o rosto do Senhor volta-se contra os que praticam o mal"(1 Pedro 3:12).

ESTUDO 2

"Honrarei aqueles que Me honram, mas aqueles que Me desprezam serão tratados com desprezo" (1 Samuel 2:30).

ESTUDO 3

"Não há ninguém santo como o Senhor; não há outro além de Ti; não há rocha alguma como o nosso Deus" (1 Samuel 2:2).

ESTUDO 4

"Teus caminhos, ó Deus, são santos. Que deus é tão grande como o nosso Deus?" (Salmo 77:13)

ESTUDO 5

"Olhem para o Senhor e para a Sua força; busquem sempre a Sua face. Lembrem-se das maravilhas que Ele fez, dos Seus prodígios e das ordenanças que pronunciou" (1 Crônicas 16:11-12).

ESTUDO 6

"Pois Deus é o rei de toda a terra; cantem louvores com harmonia e arte" (Salmo 47:7).

ESTUDO 7

"Somente temam o Senhor e sirvam-No fielmente de todo o coração; e considerem as grandes coisas que Ele tem feito por vocês" (1 Samuel 12:24).

ESTUDO 8

"Nada pode impedir o Senhor de salvar, seja com muitos ou com poucos" (1 Samuel 14:6).

ESTUDO 9

"Samuel então respondeu: 'Acaso tem o Senhor tanto prazer em holocaustos e sacrifícios quanto em que se obedeça à Sua palavra? A obediência é melhor que sacrifício, e a submissão é melhor do que a gordura de carneiros'" (1 Samuel 15:22).

ESTUDO 10

"O Senhor não vê como o homem: o homem vê a aparência, mas o Senhor vê o coração" (1 Samuel 16:7).

ESTUDO 11

"Ninguém o despreze pelo fato de você ser jovem, mas seja um exemplo para os fiéis na palavra, no procedimento, no amor, na fé e na pureza" (1 Timóteo 4:12).

ESTUDO 12

"Não sejamos presunçosos, provocando uns aos outros e tendo inveja uns dos outros" (Gálatas 5:26).

ESTUDO 13

"O Senhor é bom, um refúgio em tempos de angústia. Ele protege os que nEle confiam" (Naum 1:7).

ESTUDO 14

"Não se deixem vencer pelo mal, mas vençam o mal com o bem" (Romanos 12:21).

ESTUDO 15

"Façam todo o possível para viver em paz com todos" (Romanos 12:18).

ESTUDO 16

"Ó Soberano Senhor, Tu és Deus! Tuas palavras são verdadeiras, e Tu fizeste essa boa promessa ao Teu servo" (2 Samuel 7:28).

ESTUDO 17

"O Senhor é o meu pastor; de nada terei falta. Em verdes pastagens me faz repousar e me conduz em águas tranquilas; restaura-me o vigor. Guia-me nas veredas da justiça por amor do Seu nome" (Salmo 23:1-3).

ESTUDO 18

"Mesmo quando eu andar por um vale de trevas e morte, não temerei perigo nenhum, pois Tu estás comigo; a Tua vara e o Teu cajado me protegem" (Salmo 23:4).

ESTUDO 19

"Preparas um banquete para mim à vista dos meus inimigos. Tu me honras ungindo a minha cabeça com óleo e fazendo transbordar o meu cálice. Sei que a bondade e a fidelidade me acompanharão todos os dias da minha vida, e voltarei à casa do Senhor enquanto eu viver" (Salmo 23:5-6).

ESTUDO 20

"Cria em mim um coração puro, ó Deus, e renova dentro de mim um espírito estável" (Salmo 51:10).

SUGESTÕES DE ATIVIDADES PARA O VERSÍCULO PARA MEMORIZAÇÃO

Escolha de uma das atividades a seguir para ajudar as crianças a aprenderem o versículo para memorização.

1. Peça para as crianças sentarem em uma linha reta. Diga para a primeira criança ficar em pé, dizer a primeira palavra do versículo, balançar as duas mãos com alegria no ar e depois sentar. Peça para a segunda criança ficar em pé, dizer a segunda palavra do versículo, balançar as duas mãos com alegria no ar e depois sentar. Continue até que o versículo esteja completo. Se uma criança esquecer uma palavra ou disser uma palavra errada, deixe as outras crianças dizerem a palavra certa. Encoraje as crianças a dizerem o versículo rapidamente para que seus gestos pareçam com uma onda do oceano.

2. Você precisará de um quadro de giz, um quadro branco ou papel para essa atividade. Escreva o versículo para memorização no quadro de giz ou no quadro branco. Peça para as crianças falarem o versículo. Permita que uma criança apague uma palavra, e depois peça para as crianças repetirem o versículo. Continue até que todas as palavras desapareçam e as crianças digam o versículo de memória. Se você não tiver um quadro de giz nem um quadro branco, escreva cada palavra do versículo em um pedaço de papel separado e peça para as crianças tirarem uma palavra de cada vez.

3. Escreva cada palavra do versículo para memorização em um pedaço de papel. Esconda as palavras individuais pela sala. Peça para as crianças encontrarem as palavras e organizá-las na ordem correta. Então, recitem o versículo para memorização.

4. Peça para duas crianças que acharem que sabem o versículo para memorização ficarem de pé, de costas uma para a outra. Peça para uma criança dizer a primeira palavra do versículo e a outra criança para dizer a próxima palavra. As crianças vão alternando-se em dizer as palavras até que alguém erre. A criança que errar deve se sentar. A criança que ficar em pé é a campeã. Peça para toda a classe dizer o versículo para memorização. Depois, escolha uma nova criança para competir contra a campeã. No caso das duas crianças falarem tudo sem errar, as duas devem ser consideradas campeãs e duas novas crianças devem ser escolhidas para começarem novamente o jogo de memorização.

5. Você precisará de uma venda para os olhos para essa atividade. Peça para as crianças ficarem em pé em um grande círculo. Selecione uma criança para ficar em pé no meio do círculo. Coloque a venda nos olhos dessa criança. Peça para as crianças no círculo darem as mãos e andarem em círculo enquanto dizem: "A Palavra de Deus me ajuda a cada dia". Peça para as crianças andarem e dizerem isso duas vezes. Isso evitará que a criança no meio do círculo se lembre de onde cada criança estava posicionada. Assim que as crianças do círculo pararem, a criança no meio apontará para uma criança para esta dizer o versículo bíblico. Fale para a criança que disser o versículo tentar disfarçar a voz, falando alto e tremido ou baixo e grosso. A criança no centro tentará adivinhar quem disse o versículo. Se a criança não conseguir acertar, ela apontará para outra criança dizer o versículo. Continue assim até que a criança do centro adivinhe corretamente quem é outra criança falando o versículo ou até que a criança do meio erre três vezes. Depois, escolha outra criança para ir ao centro.

6. Você precisará de uma pequena bola para essa atividade. Peça para as crianças ficarem em pé em um círculo. O primeiro aluno diz a primeira palavra do versículo, e depois joga a bola para outra criança. A criança que receber a bola deverá dizer a primeira e a segunda palavra do versículo, e depois jogar a bola para outra criança. As crianças continuam a passar a bola pelo círculo. Cada criança repete a parte do versículo já dita, acrescentando uma palavra até que elas tenham dito o versículo inteiro. Incentive as crianças a passarem a bola o mais rápido possível.

7. Você precisará de pequenos cartões ou de papel para essa atividade. Escreva uma ação diferente em cada cartão, como por exemplo, dar uma volta, deitar no chão, bater na cabeça, ficar de pé na cadeira, pular pela sala, ficar em pé no canto da sala, falar baixo, gritar, e dizer isso para um amigo da classe. Peça para cada criança escolher um dos cartões e executar a ação descrita nele enquanto ela repete o versículo para memorização.

LISTA DE PRESENÇA

Escreva os nomes das crianças nas linhas abaixo. Coloque um X na coluna de cada lição que a criança tiver comparecido. Você pode fazer cópias dessa folha de presença se você precisar de mais linhas.

NOME DA CRIANÇA	1	2	3	4	5	6	7	8	9	10	11	12	13	14	15	16	17	18	19	20

Tabela de Pontos da Competição de Crianças

Instruções:

Competição Básica só usa as perguntas 1-15. Competição avançada usa 20 perguntas. Leia as *Regras e Procedimentos Oficiais* para instruções completas.

Igreja/Nome da Equipe: _____

Rodada 1

Nomes:	1	2	3	4	5	6	7	8	9	10	11	12	13	14	15	16	17	18	19	20	Total
Bônus da Equipe:																					

Total da Equipe

Rodada 2

Nomes:	1	2	3	4	5	6	7	8	9	10	11	12	13	14	15	16	17	18	19	20	Total
Bônus da Equipe:																					

Total da Equipe

Rodada 3

Nomes:	1	2	3	4	5	6	7	8	9	10	11	12	13	14	15	16	17	18	19	20	Total
Bônus da Equipe:																					

Total da Equipe

www.ingramcontent.com/pod-product-compliance
Lightning Source LLC
Chambersburg PA
CBHW081541040426
42448CB00015B/3167